# 丛书编委会

**总　策　划**：来新国　王文成

**编委会主任**：郭齐勇　周晓亮

**编　　　委**：来新国　陈知涯　张　彧　尹格韬　沈　众

　　　　　　　王文成　孟淑贤　周长志　罗养毅　秦　丹

　　　　　　　乌　琛

大家精要

郑 玄

周淑萍 著

Zheng Xuan

陕西师范大学出版总社

图书代号 SK16N1505

**图书在版编目（CIP）数据**

郑玄 / 周淑萍著. —西安：陕西师范大学出版总社
有限公司，2017.1（2024.1重印）
（大家精要）
ISBN 978-7-5613-8889-1

Ⅰ.①郑⋯　Ⅱ.①周⋯　Ⅲ.①郑玄（127—200）—
传记　Ⅳ.①B234.99

中国版本图书馆CIP数据核字（2017）第001735号

# 郑　玄　ZHENG XUAN

周淑萍　著

责任编辑　郑若萍
责任校对　陈柳冬雪
封面设计　张潇伊
出版发行　陕西师范大学出版总社
　　　　　（西安市长安南路199号　邮编710062）
网　　址　http://www.snupg.com
印　　制　永清县晔盛亚胶印有限公司
开　　本　650 mm×930 mm　1/16
印　　张　10
字　　数　100千
版　　次　2017年1月第1版
印　　次　2024年1月第2次印刷
书　　号　ISBN 978-7-5613-8889-1
定　　价　45.00元

读者购书、书店添货或发现印刷装订问题，请与本公司销售部联系、调换。

电话：（029）85303879　　传真：（029）85307864　　85303629

# 目 录

# 引　言

中国东部的齐鲁大地是个神奇的地方，这里群星璀璨，名家辈出。儒家二圣孔子、孟子，辅佐齐桓公称霸天下的管仲，杰出的军事家孙武、孙膑、吴起、诸葛亮，墨家巨子墨翟，神医扁鹊，书法家王羲之、王献之、颜真卿，文学评论家刘勰，一代词宗李清照，民族英雄戚继光，等等，或生于斯，或长于斯。本书主人公，人称"经神"的郑玄，也诞生于这方神奇的土地。地处山东半岛东部，胶东地区、胶莱平原腹地的高密，就是郑玄的家乡。

# 第1章

# 早年郑玄　矢志向学

## 一、遥遥先祖　清白荣身

东汉顺帝永建二年（127）七月五日，郑玄出生于北海国高密县西南一个清贫之家（今高密市双羊镇后店村）。溯源历史，这个清贫之家原本是高密大姓，士家豪族，有着不寻常的家世。

### 西域都护郑吉

据传，郑玄的远祖名叫郑国，字子徒，是孔子弟子。原名郑邦，后人因避汉高祖刘邦之讳，改称郑国。还有人认为郑国不是孔子弟子，而是那位修郑国渠的工程师。孰是孰非，至今难有定论。目前我们可以肯定的是郑玄的四世祖名叫郑吉。

郑吉在汉代历史上是一个相当有作为的人物，他为人坚强刚毅，有安定西域之功，是中国历史上第一位西域都护府长官。

一代雄主汉武帝为了联合西方的大月氏国，共同对付北方匈奴，曾派他的发小张骞出使西域，后又派他的大舅哥、贰师将军李广利西征大宛，时机成熟，就在西域设置了校尉，在渠黎屯田。汉武帝积极开拓西域，为汉朝在西域的推进奠定了基础，而西域地区的重要地位也使汉朝朝廷始终不能将其忘记。武帝曾孙汉宣帝也是汉代一位有为的君主，统一和巩固西域是他执政的重要方针。郑吉年轻时以士兵的身份随军出征，多次前往西域效力，小有功劳，因此被升为郎官。因为他熟悉了解西域，又被宣帝以侍郎的身份，派往渠黎屯田，积蓄粮食。

郑吉没有辜负皇帝的信任，在任期间，西汉在西域屯田达到空前的规模，轮台成为当时著名粮仓。郑吉还率军攻破车师兜訾城，降服匈奴单于的堂兄日逐王，威震西域。当汉朝在乌垒城（今新疆轮台县）设置西域都护府时，郑吉理所当然成为西域都护府的第一任长官。中国历史上都护的设置就是由郑吉开始的。作为西域都护府的最高长官，郑吉直属汉朝廷领导，掌管汉朝在西域的驻军，获朝廷授权，他还可以调遣西域诸国的军队。西域都护府的设置，既维护了西域的安宁，也保障了丝绸之路的畅通。从此，西域地区正式归入西汉王朝，而郑吉功不可没。《汉书》认为汉朝的号令能在西域颁布，虽是从张骞开始，但是真正实现者却是郑吉。

汉宣帝非常清楚郑吉对于汉家王朝的重要性。只要有郑吉在，西域就安宁太平，京师长安不仅没有西顾之忧，而且还会收到西域源源不断送来的粮食。所以他亲自下诏表彰郑吉，表彰郑吉镇抚西域，宣扬了汉朝声威，还封郑吉为"安远侯"，食邑千户。郑吉死后，其封爵"安远侯"为后代继承，在王莽代汉后绝传。

## 尚书仆射郑崇

郑吉之后，郑氏后代不乏在汉代为官之人。郑玄的七世祖郑宾通晓法令，做过汉代监管官员的御史；郑玄八世祖郑崇官至尚书仆射；郑玄十世祖郑荥臣，被举为孝廉。其中，八世祖郑崇因为忠贞耿直，还在历史上留下了"郑崇履声"的典故。

郑崇，字子游。年轻时，是郡中主管文学的小吏，因与傅太后的堂弟高武侯傅喜同学交好，傅喜将他推荐给了汉哀帝。汉哀帝任命郑崇做了尚书仆射。尚书仆射是尚书令的副手，在东汉时拥有比较大的职权。在西汉诸帝中，汉哀帝的身份比较特殊。他本非皇帝之子，皇位本来与他无缘，可是皇帝刘骜无子，所以他的机会就来了。刘骜死后，因为他是皇帝的侄子，被推为帝位继承人，即位时只有十九岁。即位之初，汉哀帝也是胸怀大志，很想成就一番事业，想向天下人证明他确实是一位合格的天子。恰逢此时，郑崇来到了汉哀帝的身边。郑崇为人正直，敢于直谏。起初汉哀帝很欣赏郑崇，郑崇的劝谏建议，汉哀帝大多采纳。因为郑崇每次上殿，都脚穿革履，声音特别，听久了，哀帝熟悉了郑崇的脚步声。后来只要郑崇上殿，人还未到，听到脚步声，汉哀帝就会笑着对左右说："我知道这是郑尚书的脚步声。"可以说，此时郑崇与汉哀帝君臣相处十分融洽。

然而事情的转折往往让人猝不及防。汉哀帝幼时由祖母傅太后抚养长大，他的皇位实际是由傅太后替他打点谋划来的。如果没有傅太后的谋划，仅凭他是皇帝侄子的身份，不一定就能登上皇位，因为刘骜的侄子不止他一个。所以为了报答傅太后，他准备封傅太后的另一个堂弟傅商为侯。当时傅家已有两人封侯，傅商又无尺寸之功，如封傅商为侯，实与国家制度不符，所以郑崇站出来反对，他说："过去孝成皇帝封了五个舅舅为侯，惹怒上天，白日无光，太阳出现黑气。现在傅太后的两个堂兄弟已经封侯。您皇后的父亲封了孔乡侯，而高武侯傅喜以三公封侯，情有可原。如果无故再封傅商为侯，既不合朝制，也违背天意和人心，不仅不会给傅氏一族带来幸福，反而可能给国家造成混乱。"汉哀帝听后，觉得言之有理，打消了封傅商为侯的念头。然而傅太后知道后，却不答应了，她勃然大怒，说："堂堂天子怎么反受臣子的辖制？"汉哀帝无奈只得下诏封傅商为汝昌侯。而郑崇与汉哀帝之间的裂痕也由此产生，汉哀帝也不再如以前那样信任郑崇了。

可是更大的灾难还在后面等着郑崇。劝阻汉哀帝封傅商为侯，郑崇得罪的只是傅太后；而他后来得罪汉哀帝，则把自己直接送上了不归之路。众所周知，汉哀帝是历史上有名的同性恋皇帝，董贤是他的男宠，"断袖之癖"一典就指的是汉哀帝与董贤同性相恋之事。因为非常宠爱董贤，哀帝爱屋及乌，封董贤为大司马，封董贤的父亲董恭为光禄大夫，封董贤的兄弟为驸马都尉。董贤父子三人以董贤之色而加官进爵，这让耿直的郑崇看不下去了，他多次进谏，希望汉哀帝以国事为重，不要过度恩宠董贤。郑崇本是忠心为国，而在哀帝听来，却无异是往他的心窝捅刀。哀帝大怒，不仅疏远郑崇，还经常找碴儿责问郑崇办事不力。君臣关系跌入了冰谷，以致郑崇颈上生痈，想告老回家养病，都不敢上报朝廷。屋漏偏逢连夜雨，郑崇的上司、尚书令赵昌，阴险奸诈，见哀帝对郑崇心生嫌弃，趁机落井下石，诬告郑崇每日家中门庭若市，图谋不轨，请求下令治罪郑崇。哀帝听信赵昌的谗言，责问郑崇说："你家中每日门庭若市，却禁止我亲信别人，是何居心？"郑崇心底无私天地宽，理直气壮地回答："臣门如市，臣心如水。"意思是虽然家里有很多人来往，但是自己心如止水，清清白白，坦荡无私。哀帝盛怒，下令将郑崇下狱，严刑拷问。最后，忠贞耿直的郑崇惨死狱中。

虽然郑崇冤死，但是他的耿直刚毅却为后人颂扬。人们用"郑崇履声"形容臣子敢于直谏，以此缅怀郑崇。

## 蛾陂隐士郑敬

郑玄的十一世祖是郑敬，也是郑玄先祖中值得缅怀的一位重要人物。如果说郑玄四世祖郑吉以其杰出才能为安定和巩固西域立下汗马功劳，八世祖郑崇以其刚毅耿直、直言极谏而为世人敬服的话，郑玄的十一世祖郑敬则是以其清正高标、特立独行立于当世。

郑敬，字次都。早年做过小官小吏，但任职时间都不长，后来主要过着闲云野鹤、琴书自娱的隐居生活。郑敬归隐山林，与他的一位好友郅恽有关。郅恽在汉代以刚直不阿、不畏强权著称。西汉末年，王莽代汉时，郅恽尽管官职低微，但是也勇敢上书王莽，告诫王莽要守臣子本分，不要逆天而行，窃取王位。王莽暴怒，将郅恽打入大牢，派宦官到狱中威胁郅恽，郅恽丝毫不惧。郅恽被赦出狱后，与郑敬逃到苍梧，又辗转逃到庐江，流亡多年才回到家乡。家乡的太守是欧阳歙，欧阳歙早就听说过郅恽和郑敬，所以请郅恽和郑敬到自己手下做事，辅助自己处理郡中政务。可是在太守欧阳歙的一次宴会上，郅恽刚直的毛病又犯了，他不仅不像其他人那样奉承欧阳歙，甚至公开顶撞欧阳歙，让欧阳歙很是难堪，如果不是郑敬机智解围，可能郅恽就会再次下狱。宴会不欢而散，郅恽归府称病。

好友郅恽的经历，官场的腐败，多年的流亡生活，让郑敬彻底失去了为官的兴趣，他劝郅恽远离官场，郅恽不听，于是郑敬独自隐居弋阳山中，渔钓自娱。郅恽热衷从政，不能理解郑敬的归隐，他希望郑敬走出山中，效仿商汤贤相伊尹、武王贤相吕望，二人一起辅助君王，建立不世之功。郑敬坚决拒绝了郅恽的邀请，表示自己年事已高，余生只以求学问道为乐，再也无意功名。郅恽只得遗憾地离开这位多年相守、相互扶持的老友。

郅恽走了，郑敬隐居山中，然而声名在外，不时有官府请他出山。其间，被新迁都尉高台所逼，郑敬无奈做过一段高台的功曹。在功曹任上，郑敬与整个官场格格不入。当时都尉官署院前的树上经常出现青色汁液，高台询问下属此是何物。下属讨好高台，异口同声，都说这就是传说中的甘露。古人认为甘露是盛世太平的吉祥之兆。可是郑敬却站出来，义正辞严地说：这是青木汁，不是甘露，官府治政不力，怎么能让甘露降临？郑敬这番言语令高台大为扫兴。事情过后，郑敬借口有病，辞官，再次归隐。

郑敬这次归隐非常坚决，不再接受其他官员的邀请，即便是汉光武帝征召，他也断然拒绝。后来隐居蛾陂，与同郡邓敬，折荷叶为席，取荷叶佐肉而食，无拘无束，大碗喝酒，谈天说地，蓬庐荜门，琴书自娱。郑敬的归隐，成就了他一世清名。

## 二、神童少年 矢志向学

无论是四世祖郑吉因安定西域而封侯荫子，还是八世祖郑崇因忠贞刚毅而冤死狱中，还是十一世祖郑敬厌恶官场而归隐山林，这些都如过眼云烟，到郑玄出生，郑玄的家庭已经是完完全全的清贫之家了。

出生于清贫之家的郑玄，却天资聪颖，志向远大。也许是祖上遗风，郑玄自幼酷爱读书。小小年纪，开始学习书数之学。所谓书数之学，就是古代的六书与九数之学，相当于今天的文字学与数学。八九岁时，郑玄对书数之学就已精通，加减乘除运算，不仅一般大人望尘莫及，甚至一些专门学习书数的读书人也自叹弗如。读书让郑玄感到其乐无穷，外界的喧嚣浮华对他没有任何吸引力。

十二岁那年，他随母亲到外婆家做客。因为是正腊宴会，外婆家来了很多客人。客人们穿戴光鲜亮丽，夸夸其谈，呼朋唤友，热闹非凡。而这一切似乎都与郑玄无关，他独坐一旁，漠然无语。母亲见状，顿觉颜面无光，非常生气，悄悄责备郑玄，催促郑玄与客人攀谈。郑玄的回答却让母亲失望了，他说："此非我志，不在所愿也。"可见，少年郑玄就已经有了明确的人生志向，只不过他的志向不在追逐世俗荣华。

虽然十二岁时在外婆家的表现，让母亲觉得很没有面子；可是几年之后，郑玄的超凡表现，却让人们对他刮目相看。因为喜欢读书，十三岁时，郑玄就能诵读儒家五经。五经就是《周易》《诗经》《尚书》《仪礼》《春秋》。这些经典在汉代的地位非常高，是官方正统学问，国家设有五经博士，专门讲授这些经典，学习五经的学生们在社会上广受欢迎。除此之外，郑玄还钻研天文、占候、风角、隐术等五行占验之术。所谓占候，就是将天象变化与人事相联系，根据天象变化，预测自然界的灾异与人事变化。而风角，则是根据四方之风的变化来占卜吉凶，并预测人事变迁。这些学问在当时社会非常流行。郑玄熟读五经，又通天文、风角等占验之术，十六岁时，他的学问就远远超过一般读书人，当地人惊奇地称他为神童。

汉代那位提倡罢黜百家、独尊儒术的著名人物董仲舒，还在倡导一种对中国影响深远的思想，即天人感应之说。董仲舒认为天象及自然间的变化与人事密切相关：如果人事得当，政治清明，上天会以祥瑞显示人间加以表彰；人事失当，政治昏暗，上天会降下灾异以示警告。西汉中期以后，朝野上下，君臣百姓对天人感应之说深信不疑。朝廷需要用祥瑞来神化和美化其政绩，以证明他们的行为合乎天意，于是命令各地方官吏，凡有祥瑞都要逐级上报，以颂扬太平盛世。因而汉代地方官员都非常热衷上报所谓祥瑞，对皇帝歌功颂德，从而获得皇帝的奖赏。

有趣的是，上下痴迷于祥瑞的时代，却让郑玄有了一次展示才华的机会。郑玄十六岁这年，家乡有人献上了嘉禾和嘉瓜。所谓嘉禾，就是生长奇异的禾，多指不同株的禾长到一起结出硕大的穗；所谓嘉瓜，也是不同株的瓜秧长到一起结出硕大的瓜。嘉禾与嘉瓜，异本同实，人们认为这是天下和同的祥瑞之兆，县里非常重视，决定向上级官府上报。然而上报时须写上表，可是县里官员写出的上表，文词粗鄙不堪，实在拿不出手。郡守遍寻全县，知道少年郑玄通五经、晓算术，写得一手好文章，是县里少有的神童，于是恳请郑玄来改写。郑玄拿到上表，挥毫而就，瞬间就改完表文，又接连写了《嘉禾颂》与《嘉瓜颂》，两篇颂辞文辞优美，脉络清晰。郡守看后，赞赏有加，认为郑玄真是少有的奇才，是全县的骄傲。郑玄改写出来的表文，不仅解了县府之围，也使郡守脸面有光，后来当家人为郑玄举行加冠礼时，郡守欣然前来，亲自为郑玄主持了这一庄重的成年礼仪。郑玄的母亲也可以挺直腰板，笑对世人了，因为她有一个如此出众的儿子。

如果说十六岁的郑玄以其才学保住了县府的脸面，那么十七岁时，郑玄还以他的才学保住了乡邻的生命财产。

因为郑玄读书不拘一格，通晓天文、数术，对气象的变化往往能作出比较准确的预测。十七岁那年，有一天，郑玄在家中，忽然看到外面狂风大作。根据风向、气温和当地自然状况，他预测一定会有火灾，于是赶忙跑到县衙，谒见县官说："某时一定会有火灾，赶快祭火神，同时通知百姓，准备灭火工具，早做预防。"到了郑玄所说的时辰，果然大火从天而降。由于早有准备，没有酿成大灾，乡邻的生命财产没有受到严重损害。精确的火灾预言，让人们对郑玄更加刮目相看，惊为异人。

## 三、不求闻达　问道天下

### 不喜为吏

少年郑玄给人们带来了很多的惊奇，也让人们记住了这位不世出的高才少年。然而郑玄却不得不面对人生的第一次大的挫折。举行了男子成年礼，郑玄就是一位成年人了，他就必须承担成年男子应当承担的家庭和社会责任。郑玄的爷爷、父亲一直在家乡务农，家中生活非常困窘，即便如此，郑玄父母也竭尽所能，满足少年郑玄读书的愿望。可是郑玄成年了，家中生计艰难，父母没有能力让他常年继续读书，他们也需要这个儿子分担家庭的生活重担。无奈，十八岁时，郑玄不得不放下书本，走出家门，到官府找事做。

因为他通五经，晓书数，加上少年时的特殊表现，郑玄在县衙谋到了一个小职位，官名啬夫。啬夫主要掌管一乡的诉讼和收税。汉代实行郡县制，乡是县下面的一级地方机构，在乡的下面还有亭、里、什、伍等机构。一般而言，五户为伍，十户为什，百户为里，十里为亭，十亭为乡。也就是说，啬夫虽是乡上小吏，但其实面对的家庭并不少，至少要面对一万户人家，责任并不轻。郑玄在乡啬夫任上，尽心尽职，关心孤寡，帮助贫苦，很受当地百姓欢迎。因为官声很好，郑玄很快被晋升为乡佐。乡佐与乡啬夫都是乡上小吏，且所主管的事务大体相同，但是乡佐从职位上来说要比乡啬夫高，所以二者的年俸就有了差别，乡啬夫年俸是四十三斛二斗，乡佐年俸是九十六斛，比乡啬夫的年俸高出一倍多。一斛是十斗，九十六斛就是九百六十斗，这笔薪水对一个贫寒的家庭而言是笔相当不错的收入了。

尽管乡啬夫是个乡村小官，但只要尽职尽力地坚持干下去，升迁的机会还是不少。汉代历史上有数十人都是由啬夫起家，后来累迁至县令、郡守、刺史、九卿，甚至位列三公，所以啬夫一职并不是一个毫无吸引力的职位，何况郑玄凭借努力已经晋升乡佐，只要坚持下去，一定会有大好前程。

对于一般官员而言，如果受上司器重，还受百姓爱戴，职位也已晋升，家里有了可观而稳定的收入，也许还有大好的前程，那将是非常快乐的事情，可是年轻的郑玄却并不快乐，因为他志不在此，出仕做官是迫于生计，是无奈之举。只有拿起书本，徜徉在知识的海洋里，他才能真正快乐起来，所以每逢休假，郑玄不是回家休息，而是急忙赶到学校去读书。父亲知道后非常生气，或许是担心儿子会丢掉得之不易的金饭碗，害怕家中刚刚有了起色的生活再次陷入困顿，他多次愤怒地训斥郑玄。父亲的反对，并没有让郑玄放弃自己的兴趣，他利用一切空闲时间坚持学习。三年下来，到二十一岁时，郑玄已成为一个满腹经纶的博学之士，他饱览群书，精通历数图纬，通晓算术。

恰逢此时，郑玄生命中的一位贵人出现了。这位贵人让郑玄彻底告别了这段让他十分不快乐的官吏生活，从而一心一意地追随自己读书治学的梦想。这位贵人就是杜密。杜密，字周甫，是东汉名士，汉末清议风潮的领袖，与当时以清廉刚正著称的名士李膺齐名，时称李杜；时人还将他与李膺、荀昱、王畅、刘佑、魏朗、赵典、朱寓等名士并列，称为八俊；太学生称赞他是"天下良辅"。杜密还有一个优点，就是有识人之能，平生最好举荐贤才。郑玄任乡吏时，杜密任太山太守、北海相。郑玄二十岁这年，杜密例行巡察，巡察到郑玄任职的高密县。

在高密县，气宇轩昂、仪表不俗的郑玄引起了杜密注意，一番交谈，杜密更为郑玄的学识所惊叹，认定这个年轻人是不可多得的读书治学奇才，如果待在官场，宦海浮沉，肯定就被埋没了。杜密决定帮助郑玄。为了给郑玄创造良好的读书环境，解决郑玄家贫无力求学的困难，杜密在北海为郑玄安排了职位，用吏俸资助郑玄，送他进太学进行系统学习。在杜密的安排下，郑玄结束了乡村小吏琐碎庸碌生活的困扰，开始了他遍访名师、问道天下的求学历程。

如果没有杜密的慧眼识英才，没有杜密的慷慨相助，郑玄杰出的才华也许真的就消磨在琐碎的生活之中，中国历史上也许就不会出现令后人高山仰止的经学大师郑玄，也许就不会出现影响中国文化近两千年的"郑学"。所以说，是杜密的出现，改变了郑玄的一生。

## 游学京都

汉代的太学是当时全国最高学府，也是天下学子向往的地方，甚至连匈奴都将孩子送到汉太学学习。郑玄入太学受业时，正是太学鼎盛期。汉代太学成立初期，每年只招五十人，后来规模逐渐扩大，汉昭帝时增至一百人，宣帝时增至二百人，元帝时增至一千人，成帝时达三千人。学生越来越多，朝廷又增建校舍，顺帝时校舍有一千八百间。本初元年（146），梁太后下诏，命令大将军以下至六百石的官员，都要把子弟送到太学学习，在每年乡射的月份还要聚会相互学习，并且强调这是常例，以后都要照此来办，要求人们必须遵守。于是四面八方的学生云集京都，当时到京都游学的学生多达三万。郑玄就是这三万多学生中的一员。

## 经今古文之争

在此我们有必要讲讲汉代太学所讲授的课程以及当时的学

术背景，这样，我们才能理解郑玄来到京都以后不断拜师的原因，以及郑玄对中国文化学术所作出的杰出贡献。

汉代太学的教学内容主要是儒家经典。《论语》《孝经》是公共课，《周易》《诗经》《尚书》《仪礼》及《春秋》（《公羊传》）五经是专业课，学生可以从五经中选取一经作为主攻方向。太学教官是五经博士，太学生通经则可以出仕做官。通经而后出仕做官，是当时知识分子从政的重要门径，实际上汉代很多官员都是因通晓儒家经典而得以做官和升迁的，因而"遗子千金，不如教子一经"，成为当时社会的共识。时代的需要决定了儒家经典在社会上享有至高无上的地位，而围绕儒家经典的解释，在汉代形成了一门学问，这就是经学。汉代的经学在发展过程中出现了门户之争，即经今古文之争，而经今古文之争又是影响中国近两千年的一场学派纷争。

所谓经今古文之争，就是今文经学与古文经学之争。今文经，是指汉代用隶书书写的儒家经典；古文经，指先秦保存下来用六国文字抄写的古本儒家经典。今古文经除了经书书写文字的字体不同外，它们还有以下几点不同：其一，文本字句有差异，比如同是《孝经》，古文《孝经》与今文《孝经》不同之处就有四百字。其二，经师的解说不同。今文经师解经，主要从经典发掘所谓微言大义，并掺杂进当时盛行的阴阳五行学说，充满神学迷信的味道；古文经师解经，主要解释语词、典章制度等内容，朴实严谨。其三，宗旨不同。今文经学的宗旨在于通经致用，因而他们宣扬天人感应学说，神化儒学，为现实政治服务；古文经学的宗旨在于传播学术。其四，地位不同，今文经学居于官学地位。传授今文经的博士教官具有优越的社会地位和政治声誉，他们甚至可以参与国家大政方针的制定，他们对经典的解释具有法典性的作用，相应地，他们获取高官厚禄也就容易得多。学习今文经的学生，只要通一经，他们就可以同仕为官，政治前程与经济利益都有保障，所以我们看到汉代官员大多数都是学习今文经出身。而古文经当时只在民间传授，其地位无法与今文经学相比。今文经学为了维护既得利益，独霸利禄之路，一直想方设法打压古文经学。当然古文经学并不甘心处于低下的地位，更不甘心被今文经学打压，随着社会上不断有古文经书被发现，古文经学的声势和规模在不断壮大，他们的不满情绪日益激增，于是在一位具有皇家血统的名叫刘歆的著名学者带领下，古文经学向朝廷提出要求，希望朝廷能够给予自己官学地位。今文经学不愿意自己的垄断地位被染指，当然极力反对。今古文之争的序幕正式拉开。

今古文经学派都认为各自所传才是儒家经典正宗，互不相让，争斗势同水火，势若仇敌，然而由于今文经学在官方盘踞已久，力量强大，所以古文经学的抗争在西汉时期以失败而告终。至东汉时期，形势有了变化，虽然今文经学依然高踞官学地位，但是其影响力远不能同西汉时期相比，相反，古文经学在民间广为传播，成为当时学术界的主流。如果单纯从学术角度来看，其实今古文经学都各有其是，也各有其非。

直到郑玄进入太学，今古文经学派不见硝烟的较量还在继续，但一个变化也在发生，与西汉时期的经今古文之争于利禄不同，东汉时的经今古文之争开始转变为学术道统之争。另外由于光武帝刘秀本人对经今古文都比较重视，其他皇帝也支持古文经学的发展，所以汉代的太学也开始讲授古文经，一些老师也兼治经今古文，出现了经今古文融合的趋向。

这就是郑玄所处时代的学术环境，但也正是这场纷争成就了郑玄在中国历史上的地位。郑玄没有加入狭隘的学派争斗，而是不断向经今古文的不同老师拜师学艺，冷静理性地分析两派之长短优劣，融会众家，集古今文之大成，使自己在经学上的造诣达到了别人难以企及的高度，成为一代"经神"。

## 师事第五元先

郑玄在太学师从的老师是一位今文经学家，他叫第五元先。关于第五元先，我们目前只知道，第五是当时京兆（今西安）平陵的大姓，由此推理，第五元先老师一定出身名门。这位第五老师曾担任过兖州刺史，刺史是中央政府派往地方巡察的监察官员。其他详细生平，就不得而知了。郑玄在第五元先老师门下，主要学习了两部书，即《京氏易》《公羊春秋》。这两部著作是今文经，是汉代非常著名的著作，也是太学必讲的教材。

先说郑玄跟随第五元先老师所学的《京氏易》。《京氏易》是汉代解释《周易》的一部著作。《周易》位列儒家十三经之首，历代对《周易》的解读和研究著作汗牛充栋，由此形成了庞大的易学。易学又有官方易学与民间易学之分，《京氏易》就是汉代官方易学的代表，是汉代易学的主流。《京氏易》的作者是京房。京房，字君明，本姓李，推律自定为京氏，是汉代著名易学大师焦延寿的弟子，以讲占候之术闻名，后被石显陷害，死于汉元帝建昭二年（前37）。京房易学的基本思想是阴阳二气说。京房认为《周易》的主旨就是讲变化。所谓变化，实质就是阴阳变化，阴阳转化的原则是"物极则反"。京房易学是对先秦易学的一大发展，对后人探讨世界本原及其运动变化的规律有很大影响。京房对音律、"五声"也很有研究，对乐律有精彩的论述。所以郑玄学习京氏易学不仅为他后来注解《易经》奠定了基础，也丰富了他对诗乐艺术的认识。

郑玄跟随第五元先老师学习的《公羊春秋》，也就是我们常说的《公羊传》。《公羊传》是后人解释孔子整理的《春秋》而留下来的一部著作。比起《京氏易》，《公羊传》在汉代更是非同寻常。由于皇帝推崇，《公羊传》在汉代始终具有辉煌而崇高的地位，阐释《公羊传》而形成的公羊学是今文经学的最高成就，也一直占据汉代学术的主导地位。《公羊传》是由战国时一位名叫公羊高的人口传而来，汉景帝时，公羊高的玄孙公羊寿及其弟子胡毋子将《公羊传》写于竹帛之上，汉武帝时立于学官。有人说，因为汉武帝好《公羊传》，所以《公羊传》大兴，确有道理。《公羊传》之所以受汉武帝重视，被汉代人追捧，是因为它宣扬的"大一统"思想、皇权天授、宗统名分、德刑并举等理论，对于经过多年战乱而后建立起来的统一的汉帝国来说，无异于久旱逢甘霖。因此《公羊传》成为汉代最高的理论权威和法律标准。皇帝的诏书、策问和朝臣奏议都以引用《公羊传》为荣，每逢重大政治问题，诸如诸侯王的废立，平定诸侯之乱，大臣的任免，狱讼官司，边患的处理，与匈奴的和与战，甚至皇帝立嗣，等等，都以《公羊传》作为理论指导和决策依据。毫不夸张地说，《公羊传》对于刘邦帝国立朝之后的稳定和巩固发挥了重大的指导作用。由此可见，郑玄跟随第五老师所学的都是在汉代最前沿和最顶尖的学问。

除此之外，郑玄还学习了《三统历》和《九章算术》。《三统历》是一部历法著作。历史上，农耕一直在中华民族生活中占据着主导地位，农业耕作离不开历法，所以历代王朝都非常重视历法，而且往往把历法与王权相联系，新王朝开始，一定要修订颁布新的历法，也就是人们常说的"改正朔，易服色"，以证明君权天授，顺天应命。汉武帝时就曾命司马迁等人修订历法，司马迁等人修订的历法因为在武帝太初元年颁行，所以称作《太初历》。《太初历》以正月为岁首，这是中国第一部记载完整的历法。西汉末年，那位领导古文经学向今文经学抗争的刘歆，在《太初历》基础上，结合当时的天文、历数、元气阴阳理论等学问，又修订成了新的历法，名叫《三统历》。所谓"三统"是当时流行的一种历史观，认为"天之道终而复始"，历史的演变就是黑、白、赤三统的循环往复，如夏、商、周三朝的更替，就是黑、白、赤三统的更替，以后朝代的变换也不例外。《三统历》虽然有神学的因素，但这是我国首先使用交点年和恒星月的历法，包含了现代天文年历的基本内容，现在被认为是世界上最早的天文年历的雏形。《九章算术》是汉代最重要的算学著作，它应该是长期修改、累积而成，最后定型可能在汉和帝时期，也就是在公元前3世纪到公元1世纪之间。这部书是二百四十六个算术命题和解法的汇编，它标志着中国古代数学完整体系的形成，在世界数学史上具有重要地位。学习《三统历》和《九章算术》，丰富和提高了郑玄有关元气阴阳和数学方面的知识。

郑玄既学了《公羊传》《京氏易》两部今文经著作，而且是汉代最前沿的学问，还学了《三统历》《九章算术》，用我们今天的标准来审视，郑玄可谓是文理兼通的通才了。可是郑玄并不满足，因为今文经学之外，还有一批实力雄厚的古文经学学者，他们对经典的解说也有很多支持者和粉丝，如果不了解和学习古文经学，那实在是太可惜了，也将是严重的缺憾。于是郑玄又拜了一位古文经学家为师，这就是张恭祖。

## 师事张恭祖

郑玄跟随张恭祖学习了《韩诗》《古文尚书》《周官》《礼记》《左氏春秋》五部儒家经典。这五部经典中《韩诗》是燕人韩婴所作，属今文经；《古文尚书》出自孔子老宅壁中；《周官》，就是后来的《周礼》，主要讲述官制，属古文经；《左氏春秋》，就是我们常说的《左传》，属古文经；《礼记》，指《小戴礼记》，是先秦到两汉时期儒家关于各种礼仪的论著以及礼学文献汇编，编者是西汉戴圣。也就是说郑玄在张恭祖老师这儿共学了三部古文经，一部今文经，一部先秦以及汉人研究礼学的文集。由此可见，张恭祖虽然不像郑兴、贾逵这两位大师那样为后人所熟悉，也许成就也不及他们，不过在治学方法上却与他们有着相同之处，就是打破学术上的门户之见，以古文经学为根基，同时兼修今文经学，融通今古文经学。这对于郑玄的治学无疑具有良好的影响。在张恭祖的指导下，郑玄不仅进一步拓宽了知识视野，加深了对今古文经学两派特点的认识，也认识到了今文经学者严守师承、家法而故步自封的弊端。郑玄后来治学，遍注群经，不偏执一家，融通各家，"择善而从"，成为今古文兼通的大家，显然与他早年在张恭祖门下的学习有至关重要的关系。

另外，因为郑玄一生著述虽然非常多，但完整留下来的只有四部，分别是《毛诗笺》《周礼注》《仪礼注》《礼记注》，其中的"三礼注"一直是后人学习中国古代庞大礼制的权威指导，现今海内外通行的清代阮元所编的《十三经注疏》中"三礼注"，就是郑玄的注本。众所周知，真正让郑玄扬名于后世的其实主要就是他的"三礼注"，而张恭祖正是在郑玄众多老师当中指点他学习"三礼"的第一位老师。

郑玄来到京都只有一年，在两位今古文经学大师的指导下，先后学习了《京氏易》《公羊传》《韩诗》《古文尚书》《周官》《礼记》《左氏春秋》，另外《孝经》《论语》是当时太学公共必修课，所以不用说，这两部书，郑玄必然是要学的，再加上《三统历》《九章算术》，郑玄一年时间一共学了十一部书，其中九部是儒家经典，两部是艰深晦涩的天文学、数学著作。这些著作，除了《孝经》篇幅短小外，其他每部著作都是动辄上万、数万、甚至十几万的文字，那时，没有雕版印刷，所学典籍，大多要靠手抄来完成。郑玄用一年时间学完，其刻苦勤奋，不言而喻；其聪慧过人，也是不言而喻。这一年，他只有二十一岁。二十一岁的郑玄，以其所学，堪称博学。

## 遍访名儒

中国士人的追求一般分两途，一是达则兼善天下，二是穷则独善其身。历史上很多知识分子，如果不愿意处庙堂之高，出仕为官，那么他们就会选择逍遥江湖，隐逸山野，闲云野鹤，所以民间山野多有高人异人。汉代以来，尤其是西汉末年的乱世，东汉中期的混乱政治，使很多饱学之士归隐山林，郑玄深知这一点。所以当离开太学以后，他用了十多年的时间，用他自己的话说，就是"往来幽、并、兖、豫之域"，遍访隐逸民间的大儒。"幽、并、兖、豫之域"，就是今天的山东、河南、河北一带。十余年来，他在这片辽阔的土地上艰苦跋涉，孜孜求道，他不抱门户之见，无论是当时占据官方正宗地位的今文经学者，还是与之对立的古文经学者，只要学有所长，只要有"得意"者，他都"捧手"向人家虚心求教，一有教诲，即铭记在心，终身不忘。

除了遍访民间隐逸的大儒，郑玄也向官场中那些有真才实学的官员学习，可谓学无常师，兼收并蓄。在郑玄十余年访学生涯中，他师从的老师很多，留下姓名的只有一位，他就是陈球。陈球是一位官员，我们从他担任的一连串官职中可以看出，他应该是在东汉官场比较有能力的官员。陈球先后任繁阳（今河南黄县北）令、侍御史、零陵太守、魏郡太守、将作大匠、南阳太守、廷尉、光禄大夫、太常、太尉、永乐少府等十多种官职。陈球为人清正廉洁，刚直不阿，光和二年（179）做永乐少府时，谋划诛杀宦官曹节，事情泄漏，被下狱处死。陈球在学问上精通儒学，通晓律令。郑玄跟随陈球学习律令，郑玄后来法律思想的形成，能够以儒家经师的身份写出数十万言的法律学专著《律学章句》，陈球功不可没。

度过了十多年的民间访学生涯，郑玄已到而立之年。经过时间的磨砺，众多老师的教诲，同道朋友的相互砥砺，他已是一位在经学、算学、法学、天文历法，以及当时盛行一时的图纬之术等方面，都有精深造诣的学者。

学业有成，那么是如一般士子通经出仕，博取功名呢？还是返归家乡，归养双亲呢？郑玄两条都没有选。因为在远离中原的陕西扶风，还有一位当时最负盛名的大儒马融，郑玄早已闻其名，可是还没有见其面。如果没有亲眼见到这位最著名的经学大师，如果没能向那个时代最负盛名的大师学习，郑玄可能后半生都会寝食难安。正是怀着这种心情，郑玄离开中原，西入关中，前往拜谒马融。

## 四、西入关中　师事马融

汉桓帝延熹二年（159），郑玄西入长安，至扶风拜谒马融，这一年他三十三岁。

### 其师马融

马融是历史上一个有争议的人物。他出身名门，因为家中曾经出过一位皇后，所以他们家就有了外戚的身份。他的父亲是将作大匠马严，能通《春秋左氏传》；他的从祖父马援是东汉名将。他本人长得仪态俊美，潇洒俊朗，才华出众，善于言辞。他还有音乐天赋，善弹琴，好吹笛。据传，他弹琴吹笛时，琴声悠扬，笛声婉转，引得蜜蜂蝴蝶翻飞，百鸟齐鸣。他的老师是名闻关西的大儒挚恂，因为老师欣赏他的才华，于是他被老师相中，成了老师的女婿。马融先后做过舍人、校书郎、长史、郎中、功曹、议郎、从事中郎、武都太守、南郡太守等大小不一的官。出仕为官时，马融顾忌名节，不愿依附权贵，但是一旦生命受到威胁，他又说：以名害生的事，愚夫也不干。于是他又与权贵为伍。在为官任上，出于职守，他能够提出自己的建议，如《后汉书》中所收的长篇《广成颂》，就是他讽谏朝廷的文章，他劝谏朝廷不能重文弃武，平时也应重视军事训练。为此他得罪了邓太后。后来他还得罪过大将军梁冀。然而当遭遇权贵打击，他又屈服于权贵。他甚至替梁冀起草陷害太尉李固的文书；又写《西第颂》，为梁冀歌功颂德。此文一出，士林哗然，纷纷不耻。马融的生活，放达任性。《后汉书·马融传》记载：马融居室装饰考究，用度奢侈，生活铺张。他为学生上课，端坐高堂之上，悬挂绛纱帐，前授生徒，后陈女乐。马融为人高傲，时有怠慢士人之举。曾有一太学生高彪，仰慕马融之名，前去拜访。马融此时正在生病，因此以生病为由，不见高彪。高彪很是生气，留下书信，指责马融"养疴傲士"，扬长而去。马融这些行为在当时都是比较出格的，《后汉书》对他的评价是"达生任性，不拘儒者之节"。马融这种表现其实也是东汉末期乱世之下，士人们对社会极度失望之后，追求物质生活满足，追求个人精神自由，而反叛正统道德的一种新表现。

虽然马融为人处事颇有两面性，但是他的学问之博、学识之深，当时天下确实无人能比。他先后写过《三传异同说》，注解过《孝经》《论语》《诗》《易》《三礼》《尚书》《列女传》《老子》《淮南子》《离骚》，写有赋、颂、碑、诔、书、记、表、奏、七言、琴歌、对策、遗令等文章。可见，马融不仅通晓儒家经典，而且精通道家之学，还能写出各种文体的文章。从经学立场而言，马融是一个古文经学者，他以自己的造诣使古文经学达到精熟的境地，但是他又不局限于古文经学，他同时吸取今文经学之长，使势若仇敌的经今古文开始趋向混同，这在当时是很了不起的。马融全面而精深的造诣，力图沟通经古今文学的治学方法，确实令天下学子敬服，所以虽然马融为人高傲，甚至有时无礼，学子们还是趋之若鹜，以能师从马融为荣，即便在马融被贬流放之时，也不乏慕名前来问学求道的学生。马融被赦，回到老家扶风后，前来学习的学生更多，他门下常有弟子上千名，常年在身边的学生就有四百多人，景况之盛，蔚为大观。马融众多学生中，学问有精深造诣的就有五十多人。

郑玄自小好学，又跟随太学老师学习过经典，还遍访中原民间隐逸大儒，虽然此时已是学富五车、有相当造诣的学者，但依郑玄不事张扬的性格，当时除了全力资助他的杜密，除了他家乡的父老乡亲，以及他接触过的老师、朋友，天下还真没有多少人识得郑玄，所以他来到扶风，并没有引起大家过多的注意。而此时，马融已是七十多岁的古稀老人，身边又常年有许多学生，所以，一个尚无多少名气的郑玄的到来，同样也没有引起他的注意。此时的情况是：年轻的郑玄知马融，年老的马融并不识郑玄。那么郑玄该如何拜马融为师呢？

## 同学卢植

郑玄没有像那位太学生高彪直接投书，求见马融，而是找到了故友兼同学的卢植。据说，郑玄与卢植曾一起在陈球门下学习过。不过卢植此时已来到马融门下，是马融的高足弟子。

卢植在东汉末期的乱世，可是一位可圈可点的人物。他为人刚毅正直，先后担任过九江太守、庐江太守、北中郎将、尚书等职。曾奉命出征，平过蛮族叛乱和黄巾起义，在平乱过程中，亲自率军与黄巾军首领张角作战。还曾与蔡邕等人一起在国家藏书及档案机构整理校勘儒学典籍，也参与过续写《汉记》。后来因得罪董卓，为避祸，隐居于上谷军都山，不幸名气太大，初平二年（191）又被袁绍强请去做了军师，一年后，也即初平三年去世。他对儒学有独到的研究，卓然而成一家之言，著有《尚书章句》《三礼解诂》等著作。

不过这都是卢植后来的成就，而卢植此时在马融这儿还是一名学生。虽然是一名学生，卢植一定很受老师马融的器重和赏识，因为他可以近距离地接近老师马融。马融的学生确实很多，但是能够登堂入室，常在马融身边，能够亲耳聆听马融教诲的却并不多，只有少数高材生有此殊荣，而卢植就是其中一位。另外，卢植的品行也一定给高傲的马融老师留下了好印象。马融家本是外戚豪族，在马融的爷爷和父亲时，马家处事比较低调，可是到了马融，却反其道而行之，大肆张扬，生活铺排，家中常有漂亮的歌女吹拉弹唱，载歌载舞。卢植在马融家中学习多年，漂亮的歌女来来往往，丝竹管弦不绝于耳，可他并不为之心动，瞧都不瞧一眼。马融看在眼里，记在心里，非常欣赏这位学生，因此也格外高看卢植。

卢植在马融众门徒当中可谓文武双全、品行高洁。无论是当时人，还是后世学者，都给予了他很高的评价，当时就有人说他是海内大儒、天下楷模。曹操评价说：“北中郎将卢植，名著海内，学为儒宗，士之楷模，国之桢干也。”南宋理学家陈普写有数十篇咏史诗，咏赞了历史上的一些著名人物，他咏赞过曹操、诸葛亮、关羽，也咏赞过卢植、郑玄，他称赞卢植的诗很精彩，其诗如下：“泓泓眸子许渊渟，不见蛾眉只见经。未似马家亲子婿，终身不踏绛纱庭。”卢植可真是美名天下扬。

于郑玄，卢植可谓知音。多年以后，身在朝廷的卢植曾向皇帝极力推荐郑玄，他推荐郑玄的理由是：当今朝廷纲纪大乱，要重树国家纲纪，就需要一位真正懂得礼制的贤能之士，而郑玄就是这位真正懂得礼制的不世之才。

## 三年等待

郑玄见到同学兼故友的卢植，告知来意。故友相托，卢植当然鼎力相助。在卢植的帮助下，郑玄达成愿望，成为马融门下的一名弟子。

虽然已有了师徒的名分，可是要见到马融，当面请教，那就不容易了。前面说过，马融的学生虽然多，但只有少数高足弟子能够登堂入室。因为年老而高傲的马融上课方式很特别，他不是大班上课，也不是个别辅导，而是由他教授一些高材弟子，再由这些弟子转授其他弟子。所以，郑玄在马融门下，也只能听由马融的高足弟子讲课。这个情况整整持续了三年。其实，很可能马融都不知道他的门下还有郑玄这样一位学生。

不过，郑玄这三年也没有虚度。能够跟马融门下那些高足弟子学习，相互切磋，也一定会有不少收获。事实上，马融门下那些高足弟子确实也非等闲之辈，卢植就是很好的例子。为了能更好地安心学习，郑玄在马融住处附近，找了一个安静的地方，自建简易庐舍，日夜苦读，不曾有一丝懈怠。

转眼间三年过去了，到汉桓帝延熹五年（162）。郑玄终于见到了马融。这一年，郑玄三十六岁，马融八十四岁。这是一个值得纪念的历史时刻，因为这是那个时代最负盛名的两位经学大师的会面，虽然此时马融声名远播，而郑玄还是汲汲无名。他们二人的相会，却起因于一个偶然事件。原来，博学的马融遇到难题了。

马融虽然以古文经学见长，但是他对当时非常盛行的宣扬天人感应、吉凶征验的图纬之书也很感兴趣。读这一类书，需要有数学和天文学的知识，有一次马融与几位高足弟子在一起讨论图纬之术，演算浑天仪运行的轨迹。浑天仪是中国古代测量天体位置的一种仪器。在演算过程中，有几道难题，马融与这几位高足怎么都无法解开。正在大家沮丧之时，一位同学说：有位郑玄擅长算术，或许能解。马融此时才知道他门下还有一位名叫郑玄的学生，立即命人召郑玄上楼。我们知道，郑玄在京都太学曾经学习和钻研过《三统历》和《九章算术》，而这些是演算浑天问题必备的知识，所以郑玄来后，提笔就将这些难题解开。郑玄太厉害了，马融都没有解决的问题，他轻而易举就解决了，郑玄的才华无疑让马融和他的那些高足弟子佩服之至，当然马融因此也记住了郑玄这位学生。

## 大道东去

因为几道难题的缘故，郑玄终于见到了苦等了三年的老师马融，而他也给马融留下了非常深刻的印象。虽然我们不知道马融是否从此将郑玄当作高足弟子看待，也不知道郑玄是否可以像那些高材弟子一样可以在马融家里登堂入室，但有一点可以肯定，郑玄自此以后可以不时见到马融，当面向马融请教问题。而马融也确实向郑玄亲自讲授了两本重要经典，一部是《周官经》，一部是《费氏易》。

《周官经》，就是我们现在所说的《周礼》，是古文经。这部经典，在京都时，张恭祖老师已经给郑玄讲过，所以郑玄对《周礼》并不陌生，也有了一定的基础。但是依礼学水平而论，马融要高出张恭祖太多了，因为马融才是那个时代真正的礼学大师，他为礼学研究开辟了新天地。受马融影响，门下一些弟子在礼学方面也有相当不错的造诣，有的甚至成为大家，那位文武双全、品行高洁的卢植，就在礼学方面有自己的建树，他写有《礼学解诂》，成为汉代屈指可数的礼学家。而于郑玄来说，马融的讲授一定使他对《周官》以及其他礼学有了更加深入的认识。郑玄后来注解《周礼》，能够会通众家，做到精当精审，马融的传授和指导功不可没。

《费氏易》，是古文经学研究《周易》的代表作。如前所言，围绕《周易》而形成的易学在中国文化中是非常复杂而博大的一种学问，其中又有不同分派。不同派别，其地位也不相同。汉代官方推崇的是京房他们这一派为代表的今文易学，所以太学课堂讲授的就是京房的《京氏易》。但是在民间，与今文易学相对立的古文易学，其实也实力雄厚，古文易学的代表人物是费直。费直，字长翁，是西汉东莱人，非常擅长卜筮。费直讲授的《易经》，人们称之《费氏易》，因为是用古文字书写，所以又称为《古文易》。东汉学习费直《古文易》的人很多，而且一些著名的古文经学家，如陈元、郑众、马融等都讲授《费氏易》，他们一度上疏朝廷，要求将《费氏易》列为官学，因为老对手今文经学派强烈反对，所以没有成功。费直是东莱人，所以宽泛一点说，他应该是郑玄的同乡。郑玄先前在太学曾跟随第五元先老师学习过今文《京氏易》，不过这位同乡费直的古文《费氏易》还真没学过，所以这次蒙马融老师亲自讲授《费氏易》，郑玄不仅通晓了今文易学，也通晓了古文易学，郑玄后来的易学独成一家，在马融门下学习古文易学应当是重要机缘。

郑玄向马融学习，所谓教学相长，术业有专攻，马融老师有时候有些问题也不得不向郑玄请教。有一次，马融又有几个难题不能开解。他将这几道难题交给了弟子，很快，郑玄解出五题，卢植解出三题。郑玄的聪敏和博学，让他的同学佩服不已，老师马融也由衷感叹，他对卢植说："我与你都赶不上郑玄啊！"

日光如梭，转眼四年又过去了，郑玄在马融门下的学习时间总计已有七年。这七年间，郑玄的学问突飞猛进，如果说前面在太学的学习、问学中原名儒，是郑玄学问量的积累，那么在马融门下七年，郑玄的学问则有了质的飞跃，郑玄的学术水平与思想认识都跃升到一个崭新的高度。郑玄后来对儒家经典的研究、注释，以及郑氏学的创立，无不得益于马融。马融之学是郑氏学问的重要学术基因。马融培养弟子数以千计，而能登堂入室的高材生也仅有五十余人，其中最为有名的是卢植、郑玄。卢植后来在仕途发展，官至中郎将，对东汉政治有一定影响；郑玄则远离官场，著书讲学，精益求精，终成为一代大儒，对中国思想学术的发展具有深远的影响。

此时，郑玄已经整整四十岁。四十岁是孔子所说的不惑之年。而郑玄经过这么多年刻苦学习，全天下那些无论知名、不知名的学者、大儒，他都无一遗漏、尽其所能地向他们虚心求教，而全天下最负盛名的马融老师学问的精髓，他也已知晓其中玄奥，所以郑玄此时学问所达到的高度，当真天下无有几人能及，而放眼全天下，郑玄也可以自信地说：天下再无可学之人。

既然如此，郑玄可以回家了，因为家中双亲已经老迈，而他也已离家二十年了。打定主意，他前来向老师马融辞行。马融拉着郑玄的手说："大道东矣，子勉之。"意思是说，你回家乡，我所传承的思想学术一定会被你带向东方，你要继续努力，永不懈怠。郑玄走后，马融多次对他的高足弟子们说："郑生今去，吾道东矣。"意思是说：郑玄这位学生离开以后，我的学问也就被他带到东方发扬光大了。马融没有看错，随着郑玄东归，一颗耀眼的新星就此冉冉升起在东方，星光不仅照亮了汉末浑浊的学术天空，也成为后来两千年中国不断变幻的学术界的一抹永恒之光。

郑玄东归这一年，马融溘然长逝，终年八十八岁。人世间的事情，有时真是神妙莫测，冥冥之中，似乎真有一双看不见的手在左右着人们的分分合合，马融、郑玄师徒二人的相见与相别，就是如此。不过马融可以无憾了，因为郑生此去，"大道东矣"。

## 横生枝节

郑玄东归，马融也离开了这个世界。可是令他们意想不到的是，若干年后，一个讲述他们师徒二人恩怨的故事却像长了翅膀一样广为流传，这就是：马融追杀郑玄。故事有两个版本。

第一个版本，最早见于《世说新语》。这本书主要讲述了三国时期的一些逸闻佚事。《世说新语》"文学"类的开篇故事就是"马融追杀郑玄"。大致情节如下：郑玄拜马融为师，可是在马融门下整整三年，都没有见到马融，只由马融的高足弟子代为传授。马融演算浑天运行轨迹，结果不合，高足弟子们无人能解，这时有人说郑玄能解。马融便召郑玄上楼。郑玄来后，挥笔很快就解决了问题。在场的同学无不惊异，也由衷佩服郑玄。郑玄学业完成，辞别马融东归返家。郑玄走后，马融觉得礼乐的中心将会随着郑玄转移到东方，害怕郑玄会独享盛名，于是心生妒忌，准备派人追杀郑玄。郑玄也怀疑马融会来追赶，便躲到桥底下，将木屐放在水面上，靠着木屐坐下。马融果然拿出用来占卜的式盘，旋转式盘，卜测郑玄的行踪。然而看到式盘显示的结果后，他告诉左右的人说："郑玄现在在土下、水上、靠着木头，这一定是死了。"于是便决定不去追赶，郑玄因此得以逃过一死。

第二个版本，见于《异苑》。在这本书里，故事有了另一种演绎。大致如下：马融知道郑玄要东归回乡，感叹说："郑玄此去，诗书礼乐就会被郑玄带到东方"，于是准备偷偷杀掉郑玄。郑玄非常机警，觉察后，立即悄悄离开了扶风。听到郑玄离开的消息，马融旋转式盘卜算，式盘显示：郑玄在土木之上。马融于是亲自骑马去追。听到后面有人追赶，郑玄躲到一座桥底下，俯伏在桥下一根木柱上。马融追赶到桥边，不见郑玄，在桥边徘徊了许久，自言自语地说："式盘说土木之间，应该就是这个地方了，可是这里有水，与式盘所演又不符了。"于是转身回去，不再追赶，郑玄因此躲过一劫。

"马融追杀郑玄"一事，相信者有之，怀疑者有之，但大部分人不相信。南朝梁刘孝标曾经为《世说新语》作注，在这个故事的末尾，他的注解是："马融，海内大儒，被服仁义；郑玄名列门人，亲传其业，何猜忌而行鸩毒乎？委巷之言，贼夫人之子。"认为这都是一些街谈巷议的流言蜚语，不可取信。

当代学者研究以后，大多也认为"马融追杀郑玄"一事不可信，并提出了四点理由：

第一，不合常理。因为弟子有专长，老师就忌恨学生之才而追杀，于情于理都难以说得通。

第二，不符合马融的为人性格与年龄。马融为人高傲，郑玄离去时，马融已八十八岁。高傲而年迈的马融怎么可能做出追杀弟子的事情。第二个版本的故事说马融亲自骑马去追杀郑玄，一个八十八岁的老人骑马去追杀一个四十岁的学生，依他的身体状况，也不可能发生这样荒谬的事情。

第三，不符合史书记载。范晔《后汉书》有郑玄史事的记载，《郑玄别传》是专记郑玄的史书，这是两本比较可信的史书，而这两本史书只字未提"马融追杀郑玄"之事。

第四，不符合马融、郑玄师徒二人的真情实谊。

综上所述，我们认为"马融追杀郑玄"纯粹属于"捕风捉影，虚生枝节"。

# 第2章

# 中年郑玄　讲学注经

郑玄东归，果真大道东矣。

## 一、归养双亲　耕读讲学

郑玄辞别马融，离开他生活学习了七年的关中大地，踏上了回乡之路。从关中到山东高密，路途漫漫，其中有多少艰辛，只有郑玄自知。当返归家乡，他离开家已将近二十年，是一位四十岁的中年人了。看到在外二十年的游子回家，父母一定惊喜交集。二十年未在父母膝下尽孝，郑玄发愿要尽力弥补，孝养双亲。

### 客耕东莱

然而家里的景况真让郑玄犯难，离家二十年，家里依然一贫如洗。虽然有几位兄弟，但兄弟们一直在家务农，能力显然也极其有限。此时此刻，郑玄当如何改变家人困境，孝养双亲？依当时情形，要改变家人的困境，最有效的途径是出仕为官，跻身官场。而在外游学二十年，尤其是在马融门下的陶冶与学习，郑玄也拥有了为官的重要资本，那就是声望与人望。

因此如果愿意出仕，他在官场一定会有不错的发展；如果再努力钻营，也应当有不错的前景。郑玄会为了改变家庭的困境，再续二十年前的仕宦生涯，重返官场吗？史实告诉我们，与二十年前一样，郑玄在做官与治学两者之间，依然放弃的是前者，选择的是后者，他再次放弃了做官，选择了与书相伴。

汉代士人读经治学，主要目的就是通经致仕，从郑玄本人的愿望而言，他可能也曾有过以经术治世，以平生所学辅君治国的愿望。然而先祖的经历，东汉末年太过黑暗的政治，官场的凶险，使郑玄很早就对读书救国不抱任何幻想，所以他一心一意以读书治学安顿身心。孔子曾经说："邦有道，则仕；邦无道，则隐。"于是我们见到二十岁的郑玄为了读书治学，辞去官职，离开官场；四十岁学成归来，郑玄也没有为博取功名而重返仕途，他选择了固守清贫的生活。

可是年迈的双亲需要赡养，一家人也需要吃饭填饱肚子。为了赡养父母，维持一家人的生计，郑玄只好向富家借田，和兄弟们一起耕种。郑玄所借富家之田，不在高密，而在山东东莱。所以他们一家实际上是离开家乡，前往山东北部的东莱，过起了客居他乡的生活。

东莱地域辽阔，郑玄到底客居在东莱何处？历史上说法不一。因为尊重郑玄，东莱人纷纷把自己家乡说成是郑玄客居之处，导致郑玄客居之地蒙上了一层迷雾。目前为止，郑玄客居东莱之地一共有四种说法：一说在掖县，不过目前没有发现相关遗迹；二说在不其山或崂山；三说在不夜城南山；四说在昌阳县长学山。而学者们普遍认为郑玄客耕之地当在不其山。不其山原属山东即墨县，今属青岛市城阳区惜福镇。据顾炎武考证，不其山有康成书院。这座康成书院就是汉代郑玄所建。

借田耕种，解决了一家人的生计，郑玄可以不用再为稻粱考虑了。他迫切要解决的问题是把自己的学习心得写出来。郑玄治学，胸怀广博，海纳百川。二十多年求学问道，他学习的领域，不拘门类，无不精通；师从的老师，不分地域，不拘门户。在今古文经学相攻若仇的时代，郑玄不存门户之见，无论是今文经学者，还是古文经学者，只要有所长，他都虔诚请教，虚心学习。在古文学大师马融门下的七年学习，使他尽得古文经学之精髓，因此当他东归时，实际已是今古文经学兼通的大学者了。当然这样的学习经历，也使郑玄非常清楚地看到了今古文经学各自的是与非、长与短，于是他作出了一个非常了不起的决定，他要打破今古文经学的壁垒，取二家之长，对儒家经典重新解释。

## 草生书带

不其山成为郑玄营建自己学术大厦的起步之所。郑玄选择不其山客居，固然是因为这里风景秀美，但更主要的是，这里环境清幽，是个读书治学的好所在。郑玄在这里可以静心宁神，潜心注经。

不其山上的一草一木见证了郑玄学海跋涉的努力与艰辛。不其山上有一种草，形如薤，根如蒜瓣，虽无秀色，却清新宜人，长一尺余，坚韧异常。这草幽居山间，连绵一片，生命力极强，在贫瘠的旷野，只要有一点雨水，就能生根发芽，蔓延滋长。因为与郑玄相伴，仿佛浸染了大儒清高恬淡、悠然自得的书卷之气，又由于其韧性异常，可用于捆绑经书，遂成就了一个极雅致的芳名：康成书带，又称康成草。据说郑玄当年确曾用书带草捆过经书。

书带草虽卑微却坚强的品格，其实就是郑玄坚韧不拔、自强不息精神的写照。因为与郑玄有这份不解之缘，书带草备受后世文人亲睐，他们为之歌咏，为之赋颂。唐代大文学家陆龟蒙作《书带草》，其文曰："彼碧者草，云书带名，先儒既没，后代还生……"诗仙李白赋诗曰："书带留青草，琴堂慕素尘。"大文豪苏轼作《书轩》，其辞曰："雨昏石砚寒云色，风动牙签乱叶声，庭下已生书带草，使君疑是郑康成。"其后，元、明、清的文士墨客吟咏书带草的诗词、歌赋更是不计其数，他们既是在咏赞书带草，其实更是在缅怀、思念这位伟大的经学大师。

## 收徒讲学

虽然客居在东莱，但郑玄的生活并不寂寞，因为他有家人相伴，有书相伴，还有书带草相伴。树欲静而风不止，此时郑玄的声名远播，远近闻名。于是在东莱，一个前所未有的现象出现了，前往不其山的路上，人们不时可以见到一些学子模样的人，三三两两，络绎不绝。原来这些人都是怀着对郑玄的仰慕之情，从四面八方赶来向郑玄学习的。从此，郑玄在读书治学的生活之外，开始了收徒讲学的生涯。

看到这些学生，也许是想起了自己以前漫漫求学路上的酸甜苦辣，忆起了恩人杜密的鼎力相助，或许还有心中不时泛起的在老师马融门下三年等待的苦涩，郑玄非常关心他们。没有住房，郑玄亲自带领弟子们盖建房舍；虽然也有背着粮食前来学习的学生，但更多时候吃饭得自己解决。郑玄亲自与弟子们一起耕作，边耕边读，衣食自给。越来越多的学生来到不其山拜郑玄为师，郑玄门下弟子最多时达到千人，授徒讲学的规模，完全可以与老师马融相媲美了，当真应了马融那句话："大道东矣。"

学生们的到来，为郑玄的生活增添了一抹亮色，从此治学路上，他不再是一个孤独的行者，他可以与学生一起相互砥砺，相互扶持。郑玄后半生生活的一个重要内容就是授徒讲学，据统计，终其一生，郑玄门下的学生将近万人。单就学生的数量而言，郑玄不仅超过其师马融，其实也远超有三千弟子美名的至圣孔子。孟子说"君子有三乐"，其中一乐就是"得天下英才而教育之"，郑玄一定是在收徒讲学中体会到了孟子所说的君子之乐，所以他才会乐此不疲。

在东莱的不其山，郑玄还收获了另一种快乐，那就是为人父的快乐。在他四十四岁那年，他唯一的儿子益恩出生了。中年得子的快乐，又非他人所能体会。

此时，郑玄在东莱不其山的生活，忙碌而充实，安然而快乐。

## 整理纬书

郑玄回到家乡，除了孝养双亲、收徒讲学，他还开始整理与注释典籍。郑玄最先整理与注释的典籍是汉代最为盛行的纬书。纬书对大家而言，可能是一个很陌生的概念。毫不奇怪，因为今人除了专门研究者，很少有人接触这类书，而且纬书绝大部分早已散落在历史的长河中，今人几乎不可能读到一部完整的纬书，留下来的都是一些片段、散句。

什么是纬书？简而言之，纬书是一种记录汉代神秘文化的文献，它的出现与汉代神秘思潮谶纬神学密切相关。而谶纬神学是西汉末期至整个东汉王朝占据思想领域统治地位的社会思潮。所谓谶，也叫谶语，是一种以隐语的形式预示政治变化的神学预言。例如，我们在《史记·秦始皇本纪》里读到的"亡秦者胡也""祖龙今年死"，《史记·陈涉世家》里看到的"陈胜王"，就是对秦朝命运的政治预言。由于这种"隐语"事后可作多种解释，证明其灵验、符合神意，所以又叫作"符命"。"纬"与"经"相对，汉儒把孔子传授的《易》《诗》《书》《礼》《乐》《春秋》称为经，汉儒认为孔子在传授六经的过程中，因为担心后人不能真正明白六经的本义，于是特地作了一些补充著作。这些补充著作就是《易纬》《诗纬》《书纬》《礼纬》《乐纬》《春秋纬》等六种纬书。每种纬书又有许多篇目，如《易纬》有《稽览图》《乾凿度》《坤灵图》《通卦验》《是类谋》《辨终备》，《诗纬》有《推度灾》《氾历枢》《含神雾》，《礼纬》有《含文嘉》《稽命征》《斗威仪》，《春秋纬》有《演孔图》《元命苞》《文耀钩》，等等。其实这些纬书与孔子本人毫无关系，都出于汉儒之手。

纬书的一个重内容就是讲述灾异、祥瑞、古代的三皇五帝，以及汉家天子受命之符、改朝换代的征兆，所以纬书与谶语相同，具有浓厚的神学性，其实纬书的书名就已散发出了一股浓烈的神学味道了。只不过纬书的神学性附在对儒家经典经义的解释当中，纬书的作者不仅理直气壮地把这种解释附会于孔子，他们还把孔子神化为上知五百年、下知五百年的神人。由于谶纬之学都有以占测天道、预言国家命运的特点，在西汉哀帝、平帝的乱世，以及政治危机频发的东汉王朝，统治者往往都把谶纬之言当作上天的启示，利用谶纬之言神化自身和打击政敌。西汉后期至东汉之际，王莽代汉，刘秀起兵，公孙述称帝，都利用了谶纬之言；其后曹丕代汉，吴、蜀立国，魏晋之禅，乃至六朝的改朝换代，都是以谶纬为天命的根据。由于受到上层社会的尊崇与提倡，谶纬被尊为孔子"秘经"、皇家"内学"，成为神学正宗，盛行一时。

虽然纬书有浓厚的神学性，且有些内容非常荒唐，如说：昆仑是地之中；地下有八柱，八柱互相牵制；三足鸟是阳精；等等。但是因为纬书要证明自身观点的权威性，因而都是依附于儒家经典而发表意见，所以其中包含了大量汉代经学的内容。另外，纬书为了说明其神学预言、天命预测等的可信性，它又综合了战国秦汉间诸多学派的思想，杂糅了古史、天文、历法、数学、地理、方术等知识体系，甚至当时最为先进的科学知识也被纬书囊括进去，可谓"九流百家之说，交互错出，靡不综揽"，构成一个内容丰富而复杂庞大的思想体系，不仅有灾异符瑞、神仙方术、神话幻想、驱鬼避邪，而且有天文地理、风土人情、文字训诂、历史知识、哲学思考，因此纬书又具有独特的思想学术价值。

郑玄治学，泛观博览，无书不读，幼年就对纬书很着迷。成年以后，依然笃信纬书。他相信纬书与经书都出自圣贤，而且都有深义，他甚至认为孔子的秘旨就藏在这些纬书之中。他说：孔子虽有圣德，但是也不能明显改动先王法规，所以只好把自己与先王不同的想法、观念暗地里秘密写在纬书中。因为相信纬书有孔子大义，所以郑玄注释典籍，首先选择的就是对这些书作注，把他对谶纬之学的认识和理解诉诸文字，也算是对自己多年爱好的一个交代。

不过，如此博学的郑玄居然笃信充满神学迷信的纬书，还给纬书作注，这让一心要推倒汉学的宋儒抓住了把柄，他们对郑玄大加讥讽。几百年之后的清人对元明以来长盛不衰的程朱理学、陆王心学心生厌烦，他们喜欢汉代学问，也更尊重郑玄，于是纷纷为郑玄信纬书、注纬书之事开脱回护，即便不为郑玄开脱，也多是避而不谈。

其实，大可不必。应该承认这样的事实，纬书是汉代时尚文化，郑玄自幼喜欢，纬书对郑玄思想的形成有重要影响，也烙下了深深的印迹。如关于中国历史发展与文明进程，郑玄的认识是：天地初立之时，有一位燧人皇在统治天下，之后经过漫长的六纪九十一代，即一百六十五万六千年又九十一代，才有一位风姓的"蛇身人首"的伏羲出世治天下。伏羲仰观天文、俯察地理，画出八卦，作乾、坤、震、艮、坎、离、兑、巽、消、息十教教化天下。伏羲在位一万一千零一十二年。伏羲、女娲、神农是三人皇，以后则是黄帝治天下。黄帝姓公孙，其母怀胎二十五月方生下他，黄帝又生有二十五子。黄帝在崆峒山拜广成丈人为师，在位一千零七十二年。黄帝手下有七位重要下属是我们中华文明的开创者，仓颉造字，大挠造甲子，歧伯造医方，容成氏造历日，隶首造算术，奚仲造车，鬼臾区造占候等。按照郑玄的说法，我们的文字、算术、历法、医药、车驾等在黄帝时代已经出现，而且就是黄帝手下七位聪明的大臣所创造。郑玄的这种历史发展观，今天看来显然带有非常浓厚的神化色彩，也不符合历史本身。那么，郑玄的这种观点又来自何处呢？其实就来自纬书《尚书纬》与《孝经谶》。不仅仅是思想上受影响，因为笃信纬书，郑玄还用纬书来解释儒家经典，如他提出的五帝感生说、地球运行说、月行九道说等，所以只有认清纬书与郑玄学问的关系，才能真正认识郑玄。

而从文化传承来看，还应该感谢郑玄注释了纬书，因为今天只有借助郑玄遗留下来的一些纬书注释，才能对东汉时期这种风行一时的神秘文化有一个大概的认识，也由此才能对这种神秘文化主宰下东汉社会及其社会思想有更深入的理解。纬书知识博杂，杂糅有天文、历法、数学等自然科学知识，同时也许是为了增加其神学预言的神秘性，纬书的文字多半晦涩艰深，今天只有依赖郑玄的注解才能破解这些晦涩艰深的文字，从而破解这种神秘文化。

其实郑玄注纬书在当时是冒着很大风险的。由于纬书神学预言的神秘性，它常常被人别有用心地利用，坐在龙椅上的皇帝利用纬书神化自己是天命所归，要把皇帝从龙椅上拉下来的人，同样借助纬书的神秘预言，为自己的反叛行为制造舆论，于是纬书对掌权的统治者来说无疑成了一把双刃剑，统治者对它们是又爱又恨。为了不被反叛者利用，官方将纬书定为朝廷内学、"纬奥"，民间不得随便议论。所以郑玄注释纬书后，不敢将书名照实公布出来。他为《尚书纬》作注，就不敢直写《尚书纬注》，而写作《尚书说》。纬书后来成为官方禁毁的对象。到隋朝，因为隋炀帝的皇位来路不正，害怕世人借用纬书对他说三道四，就把纬书焚毁殆尽。于是东汉盛行一时的纬书自此以后就很难觅其踪影，今天我们也只有借助郑玄的注释，才能寻摸到纬书的只麟片爪。所以还真是应该感谢郑玄注释了纬书。

郑玄注释纬书，是他对所处时代最为盛行思想风尚作出的评判。由此我们可以看出郑玄治学确实是无书不观，不拘门类，这也说明郑玄本身学识精深，以及学力之深厚。因为如果没有丰富精深的学识，通读纬书都很难，更遑论对博杂的纬书加以注释，但是郑玄做到了。

## 二、飞来横祸　遭遇党禁

隐居不其山中的郑玄，与书为伴，与学生为伴，耕读讲学，虽无珍馐美味、锦衣华服，却也怡然自得、恬淡自适。可是此时不其山外，却已是山雨欲来风满楼，一场血雨腥风不期而至。

### 党锢之祸

汉代政治有两大政治毒瘤，即外戚专权与宦官干政。西汉王朝就是在外戚、大臣、外戚的循环执政中走向衰亡，最后亡于外戚王莽之手。东汉则是在外戚与宦官的轮番执政中走向灭亡。

东汉中期以后，皇帝多英年早逝，导致继任皇帝多是幼童。郑玄一生，东汉走马灯似地换了六位皇帝，都是幼年即位：顺帝十一岁即位，冲帝两岁即位，质帝八岁即位，桓帝十五岁即位，灵帝十三岁即位，献帝九岁即位。这些幼年皇帝少不谙事，仅凭血统之贵，而君临天下。中国历史上也不乏幼年登基者，但如果有大臣忠心辅佐，国家也能正常运转，如幼年周成王由周公摄政，少年汉昭帝由霍光辅佐，国家不仅正常运转，而且走向鼎盛。不幸的是，东汉这些小皇帝们没有成王、昭帝那样的运气，他们被外戚和宦官所掌控，国家陷入动荡与混乱。

为什么东汉皇权会被外戚和宦官掌控？换言之，东汉朝臣食君之禄，却为什么不能在皇帝年幼时为他们撑起王朝天空，待皇帝长大，交给他一个安定清平的天下？这与东汉的政治格局有紧密关系。东汉除了外戚与宦官，还有一股政治力量，那就是士族。士族是东汉官员甚至整个汉代官员主要来源，可是东汉中后期以后，皇帝对这些来自士族的官员并不信任，也不倚重；他们更倚重和相信宦官和外戚，最后反为外戚和宦官所制，成为他们手中的玩物，以致酿成党锢之祸，导致国家分崩离析，使中国进入长达几百年的分裂割据局面。

皇帝为何不相信和倚重这些出身士族的官员？这就需要回顾一下汉代士族的来龙去脉，以及他们在汉代政治场合的表现。汉代独尊儒术，通经成为做官的基本条件，汉代一些大官员往往都是因精通经学起家，其中一些官员世代相传，形成了累世公卿的门阀望族。门阀士族不仅经济实力雄厚，他们兼并土地，拥有庞大的庄园和众多的奴仆，割据一方；而且政治力量强大，由于汉代选拔官员主要依靠荐举，荐举人多出自门阀士族，荐举权在手，他们就操纵选举，荐举官员，门第出身是重要甚至是唯一条件，结果自然只有望族大姓才能进入官场。所以门阀士族不仅把持着地方政权，也把持着中央政权。士人为了求官，只得依附名门望族，充当门生，寻求被推荐的机会。一旦被推荐，相互之间就是宗师与门生的关系，情同君臣父子，牢不可破，因此士族门下往往聚集有许多门生故吏，形成难以撼动的政治力量。又由于士族出身经学世家，一些世居高位的家族占据着学术要津，垄断了学术文化，因而他们在文化上也享有无上特权。士族之间还相互声援，结成庞大的政治关系网。当国家利益与士族宗族利益冲突时，士族首先维护的是宗族利益，西汉中期以后，就屡屡发生强宗大族造反的事情。士族在当时社会的政治、经济、文化力量如此强大，没有人敢小视他们，而当时天下的形势也就形成了"得士族心者昌，失士族心者亡"的局面。王莽能够取汉而代之，建立新朝，就是因为他"折节恭俭"，令"宗族称孝，士友归仁"，从而笼络住了一大批士人。然而王莽立朝后，打击土地兼并，危及士族切身利益，士族就推翻了他们当初所拥立的王莽。光武帝刘秀同样也是利用士族的支持建立了东汉王朝，没有士族的支持，东汉政权的建立就是空中楼阁。

王莽的兴起与灭亡缘于士族，刘秀灭王莽、建立东汉也得力于士族，吸取王莽新朝速亡的教训，也汲取西汉亡于外戚的教训，具有政治智慧的刘秀与他的继任者汉明帝，严密防范外戚，充分依靠士族，士族在这一时期享受了空前的尊宠和荣誉。士族与皇权的蜜月、联姻，使双方都得到最大利益，换来了东汉前期的安定和繁荣。

然而士族势力是个复杂的群体。饱读儒家经典，在儒家思想哺育下，君臣大义是他们立身的基本准则，尽忠朝廷、尽忠皇帝是当时一些士人的一种理想人格。这些士人认为自己与大一统政权是一体的，他们对大一统政权有一种天然的亲近感，认为维护、巩固这个政权是天职。为此他们关心国运，关注百姓疾苦，敢于谏诤君主错误，积极推行善政，即使蒙受冤屈，亦矢志不移。郑玄的先祖郑崇不就是这样一位人物吗？可是士人当中有些人却是另外一种表现，他们一方面道貌岸然，口诵儒家圣人之言，标榜以尧舜之道事君，进思尽忠，退思补过，要拯救黎元，减轻民众困苦，享有巨大的社会声望；一方面却又权欲熏心，贪得无厌，总想把皇权置于自己的控制之下，让皇权变成自己忠实的仆人和工具，由此皇权与士族的矛盾就不可避免了。皇权与士族的关系由亲密走向疏远，士族受到冷遇，成为防范的对象。其实面对那些强宗士族，皇权对他们无一日不提心吊胆，无一日不严加防范。袁绍家族从汉章帝开始，四世五公，是汉末最有力量和声望的士族代表，他们家的一举一动其实早都在皇权严密监视之下，袁家来往进出的人，以及家中添置的东西，朝廷都一清二楚。士族如此让皇权不放心，皇权如此猜忌士族，那么皇权必须寻找最忠心的集团和势力。左右权衡，找来找去，他们只能转而相信外戚和宦官。

士族、外戚、宦官三股政治力量，皇权疏远士族，倚重外戚和宦官。在外戚与宦官之间，皇权又更信任宦官。因为在汉代分分合合的各种政治力量当中，只有宦官是与皇权共进退、共生存的。没有皇权，就没有宦官。在皇宫中，宦官只是孤零零的一团肉身，只能紧紧依附皇权，做皇权忠实的奴仆。他们像鹰犬一样暗中监视朝中大臣和下面的官员，密切注视外戚的举动。危难之际，皇权往往只有依靠宦官密谋策划，保护自身。然而，物极必反，本来宦官是皇权的依附者，可是因为皇权太过依重宦官，反过来，又沦为宦官的工具。汉桓帝与宦官单超等五人合谋一举消灭了强悍的外戚梁冀，此后宦官独揽朝政，横行天下，穷奢极欲，荼毒天下。

宦官出身卑微，士族门第高贵，所以士族从骨子里鄙视宦官，称他们为"阉竖"，耻于与之为伍。宦官也从心底里仇视士族，利用一切机会打压士族。因为皇权防范士族，所以在某种程度上，宦官对士族的打压其实也是皇权所希望的，有了皇权的默许，宦官对士族的排挤与打击更加无所忌惮。对于士族而言，皇权越依重宦官，士族的利益就愈受削弱，他们对宦官的痛恨和仇视也就愈发强烈，对皇权的批评也就愈发尖锐。相互之间的矛盾越来越不可调和。

这场不可调和的矛盾终于演化成了宦官与皇权联手打击士人的党锢之祸。东汉后期，因为宦官专权，凌逼主上，朝政昏乱，政治黑暗，一些正直激进的士大夫和太学生联合起来，共同反抗宦官集团，但因为谋划不密，措施不力，最后被宦官集团击垮。宦官集团称反对他们的士人为党人，对党人的处罚是禁止做官、限制活动，这就是党锢。

党锢事件，既是一场社会正气与黑暗力量的较量，也是知识分子不满仕途受阻的抗争，同时也是士族集团与宦官集团、外戚势力的权力分配之争。党锢事件中，士人们表现出了不畏强暴、重义讲德的气节，在敢于反抗宦官势力的名士当中，李膺、陈蕃、张俭等人具有代表性，而这些名士也在这两次党锢之祸中受到残酷迫害。

## 遭遇党禁

宦官制造的党锢之祸共有两起。

第一起党锢之祸发生在延熹九年，也就是公元166年。这一年正是郑玄辞别马融、东归故乡、客耕于东莱之时。

导火线是司隶校尉李膺捕杀了与宦官勾结、教子杀人的方士张成。宦官借机唆使张成弟子诬告李膺等人蓄养太学游士，交结诸郡生徒，共为部党，诽谤朝廷。桓帝大怒，通令郡国逮捕"党人"。在这次事件中，李膺、太仆杜密、御史中丞陈翔等二百余人均被逮捕收执，当朝太尉陈蕃以用人不当被免职。之后，桓帝又下诏将"党人"赦归田里，禁锢终身，不得做官。在这次被捕的人群当中，我们看到一个熟悉的名字：杜密。他就是那位慧眼识郑玄，帮助郑玄入太学读书的北海相。

侥幸的是，这次党锢事件没有殃及郑玄。

第二起党锢之祸发生在汉灵帝时期。汉灵帝，名叫刘宏，是汉章帝刘炟的玄孙，生于冀州河间，父刘苌早逝，母董氏。他本来与皇位没有任何关系，因为汉桓帝死时无子，一块大馅饼砸在刘宏头上，他被窦皇后与她的父亲窦武选为皇位继承人，即位时只有十二岁。皇帝年幼，窦太后自然要临朝听政，而窦武也得帮皇后女儿的忙，他任大将军，执掌朝政。窦武与太尉陈蕃痛恨宦官势力，他们起用党人，合谋诛杀宦官。不料事情泄漏，宦官抢先下手，窦武兵败。反宦官的主将陈蕃被捕杀，窦武自杀，他们的宗亲、宾客、姻属被诛连捕杀，李膺、陈蕃及窦武荐举的官员以及门生故吏等都被免官和禁锢。此事发生在建宁元年（168）。

建宁二年，一场更为残酷的党锢之祸开始了。事情的起因是宦官侯览的家属作恶乡里，山阳督邮张俭上书弹劾侯览及其家属，惹怒侯览。侯览指使人诬陷张俭与同乡二十四人共为部党，图谋危害社稷。同年十月，宦官曹节也乘机奏捕，拷杀虞放、李膺、杜密等百余人，将他们的家人徙边。这次事件中，横死监狱的有一百多人，此外，借机报私怨，地方官滥捕，受牵连，以至死、徙、废、禁者又有六七百人。熹平元年（172），宦官又指使逮捕党人和太学诸生千余人。熹平五年，汉灵帝又下诏各州郡，凡是党人的门生、故吏、父子兄弟和五服以内的亲属，都被免官禁锢。

对于郑玄而言，他侥幸躲过了第一次党锢之祸，第二次更加残酷的党锢之祸来临时，他就没有那么幸运了。与他有知遇之恩的杜密在第二次党锢事件中被捕杀，郑玄曾经是杜密的故吏，党人的门生故吏都是被打击的对象，在不其山中耕读讲学的郑玄，不可避免地被卷进这场政治漩涡，他与同郡的孙嵩等四十余人一起被禁锢。这一禁锢就是十四年。

## 三、隐修经业　首重《周礼》

老子曾经说："祸兮，福之所倚；福兮，祸之所伏。"祸福相依，是祸是福，取决于人们如何应对已经发生事情和即将发生的事情。宦官们制造的党锢之祸，打击迫害了一大批不愿与他们合作的知识分子，他们以禁锢的形式限制党人及其门生故吏的行动自由。如果是热衷仕宦者，遭遇禁锢，没有了仕途升迁的可能，他们可能会意志消沉，从此沉沦。郑玄则不然，远离官场，居于山野，耕读讲学，本是他所愿。所以禁锢不仅没有消磨郑玄的意志，反而使他更加坚定地专注于自己的讲学注经事业。

正是在这十四年的禁锢中，郑玄捧出了令世人叹为观止的学术成果，构建了自己的学术大厦。他注释了《周礼》《礼记》《仪礼》，撰写了《六艺论》《答临孝存〈周礼〉难》；与何休论战，撰写《箴膏肓》《发墨守》《起废疾》等论著。这些著述在中国历史上都有非常重要的地位。

### 注释"三礼"

虽然郑玄注释纬书很成功，但是正如前所言，真正能够让郑玄扬名后世的，却是他注释的三部儒家礼书，也就是"三礼"，即《周礼》《仪礼》《礼记》。在被禁锢的十四年中，除了教授弟子，郑玄将主要精力放在了这三部礼书的注释上。郑玄一生注书百余万言，但是他最为重视的是注释"三礼"，而且常常运用礼学知识与礼学思想注释其他典籍。以礼注经是郑玄注释典籍的重要特征。所以，自古以来，学者们对郑玄的学问有一个共识，那就是：礼是郑学，郑学是礼。

那么这三部礼书具体内容是什么？郑玄为什么要特别用力

地来注释这三部礼书呢？他又是如何注释的？

（1）何谓"三礼"

我们常说中华文明是礼乐文明，中国是礼仪之邦。如此美誉，并非虚饰，而是实至名归。因为在中华文明中确实有一种源自远古的庞大文化系统，那就是礼制文化系统。礼制文化系统涉及到政治、经济、军事、法律、外交等各个方面，不仅对中国古代社会有深刻影响，而且在今天生活当中依然能够看到礼乐文明深刻的印迹。《周礼》《仪礼》《礼记》三部礼书比较完整地保存了这一庞大礼制文化系统的内容，不过这三部礼书的礼制内容又各有不同。

《周礼》主要内容是官制和政治体制。其特别之处在于它是儒家十三经中唯一一部阐释儒家理想官制的典籍，总共有《天官》《地官》《春官》《夏官》《秋官》《冬官》六篇。天官、地官、春官、夏官、秋官、冬官其实也是官名。《周礼》作者设想的儒家理想官制体系的中枢由这六官构成。六官各有自己的属官，共有三百六十三个。《周礼》以天地四时命名六官，把天、地、春、夏、秋、冬与六大官相联系，构筑国家行政机构体系，蕴含囊括一切、无所不包的意思。六官各有自己的职能。天官冢宰，即太宰，为六官之首，百官之长。天官掌理天下政务，辅佐王者治理天下，职能相当于后世的宰相或总理大臣。地官之长为大司徒，主要职掌教典，还主管土地和户口，负责分配土地，收取赋税，职能相当于后世的大司农、户部。春官之长为大宗伯，主要职掌礼典，具体掌管吉、凶、宾、军、嘉五礼，相当于后来的太常礼部。夏官之长为司马，主要职掌军政，负责编制军队、军队训练、校阅部队、征收军赋、管理军需军械以及田猎等事务，相当于后世的兵部。秋官之长为司寇，主要职掌刑典，负责刑法、司法、治安等，相当于后世的刑部。冬官之长为司空，职能相当于后世的工部。

《周礼》设置的六官对中国后世官制构建产生深远影响，隋唐明清时期的吏部、户部、礼部、兵部、刑部、工部六部的设置都与《周礼》有密切关系。所以《周礼》是我们了解中国古代官制发展的一把钥匙。

《仪礼》主要内容是上古以至西周的各种礼节仪式。目前流传下来的只有十七篇，分别是《士冠礼》《士昏礼》《士相见礼》《士丧礼》《既夕礼》《士虞礼》《特牲馈食礼》《少牢馈食礼》《有司彻》《乡饮酒礼》《乡射礼》《燕礼》《大射仪》《聘礼》《公食大夫礼》《觐礼》《丧服》。主要讲述了成人礼、婚礼、丧葬之礼、祭祀之礼、外交礼仪、射箭比赛之礼、宴饮酒会之礼、朝见天子之礼等等。因为后代各朝大都以《仪礼》为依据制定礼典，所以《仪礼》中的礼节仪式各朝代礼典制度中都有保存，而婚礼、冠礼、丧礼、祭礼等礼仪，后世基本上都承袭过来，只不过在细节上有所增减而已，今天婚丧嫁娶等礼仪习俗大都可以在《仪礼》当中找到根源，所以《仪礼》是我们了解中国古代社会习俗的重要资料。

《礼记》是儒家解释礼经、礼义的一部论文集。《礼记》之"记"，就是对经义的说明、补充和发挥。它实际是儒家学者在学习《仪礼》过程中写下的一些解释《仪礼》的文字和阐释礼学思想的文章，与后来的读书笔记、心得体会相近。《礼记》一共四十九篇文章，内容非常丰富，包括人生哲学、政治理想、礼治思想、社会习俗以及教育、音乐、天文、考据等等，涉及门类比较庞杂。大体可分为四类：第一类专门解释《仪礼》，第二类考述古礼，第三类杂记孔子及其弟子思想言行，第四类儒家学术论文。大家所熟知的"四书"中的《大学》《中庸》出自《礼记》，而"天下为公""小康""大同"及中庸之道、正心诚意、修齐治平、格物致知、教学相长等等大家耳熟能详的思想观念也都见于《礼记》。《礼记》全文近十万字，超过《周礼》（四万五千字）、《仪礼》（五万余字）二书之和；在十三经中，其篇幅仅次于《左传》，所以称为"大经"。

《礼记》原本附于《仪礼》之后，实为《仪礼》附庸，是郑玄将《礼记》四十九篇单列出来，使它独立成书，摆脱了《仪礼》附庸的地位。《礼记》在当时传习者并不多，在郑玄注释之后，逐渐受到士人的尊信，唐代正式将其立为儒家经书，至明、清两代，地位越来越高，影响远远超过《周礼》和《仪礼》。在"三礼"当中，《礼记》对后世的影响，远远大于《周礼》《仪礼》。

概而言之，《周礼》的核心在于为国家立礼，记录三百六十三种职官的职务，是国家制度；《仪礼》的核心在于为个人、家族、社会公共事务立礼，记录冠礼（成年礼）、婚礼、丧礼、祭礼、射礼、宴享礼、朝觐之礼的具体仪式，是个人、家族、邦国的行为规范；《礼记》的核心在于解释和补充礼，阐明礼的价值、意义和作用，论证礼的合理性与神圣性。这三部礼书虽然重心有别，然而内容实际又相互补充，从不同角度为中国社会构划出了严格的制度、秩序和规范，由此这三者之间形成了严密的逻辑关系。

然而这三部书能够并列，合称"三礼"，并被列入儒家十三经，郑玄居功至伟。可以说，如果没有郑玄整理与注释这三部礼书，后人对《周礼》《仪礼》《礼记》的重视程度将会大大降低，它们对汉以后中国社会的影响也会相应减弱。

（2）注礼内容

郑玄注释"三礼"的主要内容包括字形、字的正误、字音、字义、器物、词汇、礼义等等。举例如下：

释字形。"三礼"原文有些字形是古字，这些字到汉代有了新的写法，形成了古今字，郑玄在注释时大都一一标示出来，为人们扫除了阅读时在文字上的障碍，如：

古字 颁 豳 貍 衺 叙 媺 攷 眡 烖 鱻 灋 毓 飌

今字 班 邠 埋 邪 序 美 考 视 灾 鲜 法 育 風

释词义。如《周礼·天官·序官》中的“寺人”，郑玄注：寺的意思就是侍奉，寺人就是宫中近侍小臣。又如《周礼·天官·序官》中的“膳夫掌王之食饮膳羞，以养王及后、世子”，郑玄注：“膳”的意思是“善”，膳夫是食官之长，负责王、王后、世子的饮食。

释器物。“三礼”中涉及的器物非常多，这些器物有许多在汉代时已不再使用，甚至已经消失，理解很困难。所幸郑玄结合前人注释以及自己的研究，大都作出了比较明确的解释。如《礼记·玉藻》：“王后袆衣，夫人揄狄”中的“袆衣”与“揄狄”。郑玄注：袆，读作“翚”（huī），是王后随同天子祭先王时所穿的高级祭服，上面画着名叫翚的素质彩色雉鸟图案。揄狄，揄，读作“摇”，是侯爵夫人、伯夫人随同侯爵、伯爵祭祀先公时穿的祭服，上面画着名叫摇翟的青质彩色雉鸟。依据郑玄的注释，袆衣、揄狄虽都是祭祀时所穿的特定衣服，但有三点不同：一是袆衣为王后所穿，揄狄是侯爵、伯爵的夫人们所穿；二是衣服的颜色不同，袆衣为玄色，揄狄为青色；三是穿着的具体场合不同，祭祀死去的先王穿袆衣，祭祀天子、诸侯死去的祖先先公穿揄狄。

释经文。“三礼”经文主要讲述古代制度和礼仪，只有知道这些制度与礼仪的来龙去脉，才可能真正明白经文的含义。郑玄对这些制度和礼仪的注释非常详细。比如《周礼》中的“媒氏”，也是一种官职，主要负责解决人们的婚姻问题。《周礼·地官·媒氏》中有这样一句话：“禁迁葬者与嫁殇者”，意思很不好懂。郑玄注释曰："迁葬，谓生时非夫妇，死既葬，迁之使相从也。殇（shāng），十九以下未嫁而死者。生不以礼相接，死而合之，是亦乱人伦者也。"意思是禁止生前没有夫妻名分的人死后葬在一起，同时禁止为未成年的男女死后举行阴婚。之所以要禁止，是因为他们生前本不是夫妻，死合却将他们配成夫妇，不符合人伦之道。借助郑玄的解释，我们不仅了解了古代的阴婚风俗，同时也知道了儒家对这一风俗的态度，即儒家并不赞成阴婚。

　　释礼义。郑玄在注释"三礼"时，还非常注意解释礼制、礼仪蕴含的意义和目的。在这类解释中，我们能明显看出郑玄本人对礼的态度和认识。《周礼》这本书的写作有统一模式，因为主要内容是讲官制，所以每篇开篇都是序官，在序官中简要介绍这一篇所论官职的具体编制，诸如有哪些官员、官员下面又有多少下属等。《周礼》对每个官职的人员编制有严格规定。如有一叫作"腊人"的官，他们负责为王宫制作和提供干肉，腊人的编制为下士四人，府二人，史二人，徒二十人，一共二十八人。还有一叫作"食医"的官，他们负责为王调配食物的温度、滋味、营养，类似我们今天的营养师。食医的编制为中士二人。《周礼》明确每种官职的编制人数，既使人们有章可循，也能避免冗官冗吏，杜绝官僚机构臃肿，说明《周礼》作者在政治上具有远见卓识。可是也有一些例外，《周礼》中有些官职并没有标出编制人数。《周礼·天官》中的"世妇"就没有写出具体的人数。世妇，是天子的后妃，也是宫中女官，负责接待宾客、祭祀、丧葬等事宜。根据礼制规定，天子后宫的设置，在王后下面设置六宫、三夫人、九嫔、二十七世妇、八十一女御。也就是说，按照礼制，世妇的人数是有具体规定的。那么为什么《周礼》不标出世妇的数目呢？郑玄注释说："不言数者，君子不苟于色，有妇德者充之，无则阙。"也就是说，作为天下之王，应当有君子之德，而君子不会沉湎于美色，因此有德之王选取后妃也就不会单取美色，还要看那些待选的女子是否有妇德，如果没有妇德，那么宁缺勿滥，不一定非要凑足礼制规定的后妃人数。在这里，郑玄固然是在解释《周礼》不标"世妇"人数的目的，但是我们从中可以明显看出郑玄的政治观念，他理想中的王与王妃应当都是有道德操守之人，王要守君子之德，王妃要守妇德。

今天一对新人举行一种仪式向社会宣告他们正式组成家庭，我们把这种仪式叫作婚礼。为何叫婚礼呢？它来自古人结婚的礼仪——昏礼。古人的结婚礼仪之所以叫昏礼，称"昏"的原因，不是结婚时兴奋过度，高兴得昏了头，也不是说家庭生活必要时要难得糊涂，才能家庭和睦。郑玄告诉我们，因为古人结婚之礼在黄昏举行，所以称为昏礼。因此昏礼之昏指的是结婚迎娶的时间。而古人在黄昏时举行婚礼，是缘于他们对自然的遵从与效法。黄昏时，阳往阴来，阳气往，阴气来。婚礼中的新婚男女，男属阳，女属阴。男前往娶女，女嫁来男家，在古人看来就是阳往阴来的过程，为了与自然运行相配合，所以古人将婚礼时间就定在了黄昏。按照礼制，昏礼分别有纳采、问名、纳吉、纳徵、请期、亲迎六道程序，大致相当于我们今天的提亲、合八字、定亲、定婚期、迎亲等仪式，除了定亲礼，其他五道程序都执雁为礼。之所以要以雁为礼，郑玄说："取其顺阴阳往来。"雁是候鸟，顺时令、阴阳而南来北往，冬天南飞，春天北归，古人婚礼执雁为礼，就是郑重告诉婚姻当中的青年男女也应如雁一般依顺阴阳而行，当然也要如雁一般坚贞守节、严守秩序。媒人是古人婚礼中必不可少的一个重要角色，郑玄在注释中指出，媒人在婚礼中的作用不仅仅是为了传递和沟通男女双方家人的意见，撮合两位年轻人，更重要地是可以"养廉耻"。虽然男女结合，结成夫妇，组成家庭是人伦大道，所谓"人伦之道莫大乎夫妇"，《周易·序卦》"有天地，然后有万物；有万物，然后有男女；有男女，然后有夫妇；有夫妇，然后有父子；有父子，然后有君臣；有君臣，然后有上下；有上下，然后礼义有所错"，但是男女结合要知羞耻，要合乎道德。礼学家认为早期人与禽兽的行为本无差别，无礼，无羞耻，所以父子聚麀；但是后来人类进步了、文明了，为自己制定了礼，把自己从禽兽的行列中提升出来，不再如禽兽一样浑浑噩噩。圣人制定婚礼来别男女而合夫妇，其目的也在于此。郑玄认为儒家在婚礼中设置媒人这一中介，就是为了培养青年男女的廉耻之心，以防私相授受，使他们的结合更合乎礼乐文明，而不是纯粹出于动物情欲的相互吸引。郑玄通过注释不仅告诉人们婚礼这一礼仪所蕴含的文化含义，而且指出这一礼仪是对自然的遵从和效法，体现了先民们敬畏自然、天人合一的思想观念；也告诫世人，青年男女的婚礼还要合道德人伦。也就是说，在郑玄看来，青年男女的结合既要合乎自然，也要合乎道德。

由此可见，与纬书相比，"三礼"虽没有纬书神学玄怪的色彩，但是由于去古已远，书中所涉及的制度、器物、礼节的具体样态，或不存，或消失，或者缺少实物佐证，后人很难理解，而且文字、词汇以及有些语句也比较古奥、艰深，阅读理解非常费力。郑玄的"三礼注"，基本上为我们清除了这些障碍，消灭了拦路虎，如果没有郑玄的注释，今天我们读"三礼"，那可真如读天书了。

## 注礼缘由

长期以来，郑玄给人们的印象是无意仕途，淡泊名利。他治学也罢，注经也罢，都是出于纯粹的学术爱好，与时政无关，一心只为追求学术真相，是为了学术而学术，所以他是一位不问时事的纯粹的学术研究者。人们之所以会这样看待郑玄，是因为看到郑玄注释经典，相当多的篇幅都落脚在文字、音韵、名物训诂、文本校勘等方面，而这些语言文字的功夫与政事无关，也与思想不沾边，然而这都是表象。在这些表象下面，其实潜藏着郑玄对风雨飘摇的东汉王朝的忧虑，以及他寻找出路的救世热情。正因为如此，郑玄注"三礼"并不是简单的个人学术爱好，实与当时国家形势和他个人的学术旨趣、政治理想相关。

春秋时代的人经常说当时社会动荡、争伐不断，关键原因就是礼崩乐坏，个人、家庭、国家都无视规矩和秩序，践踏礼制，所以孔子一生都忙着要恢复礼乐秩序，他与他的弟子们真诚地认为，"一日克己复礼，天下归仁"。他们如此相信礼制的力量，自然也有他们的理由。他们认为西周王朝的江山能够传承几百年而绵延不绝，主要依靠的就是礼制。从"三礼"这三部礼书当中，我们清楚地看到，中国古代之礼并不是单一的礼仪，礼制本身就是国家的政治、经济、军事、外交制度的混合体，通过划分等级、确立名分、制定秩序、设置规矩等，将社会编织成上下有序、贵贱有等、各守其分的巨大网络。儒家认为礼治社会是一个有序、稳定、和谐的美好社会，所以他们积极提倡礼，一些政治家也极力主张要恢复礼，希望以礼来规范人们的行为，用礼来调控社会秩序，他们说："礼，经国家，定社稷，序人民，利后嗣者也""安上治民，莫善于礼"。而且当时人们认为礼的规则、道理体现了天地宇宙的秩序，"礼者，天地之序""礼与天地同节"。

东汉自立朝以来的一个重要时代文化特征，就是除了迷信谶纬神学以外，也非常重视礼，形成了隆礼的文化环境。东汉隆礼，原因比较复杂，但其中有两点原因值得注意。

一是东汉强宗大族对礼的推崇。前面我们讲到光武帝刘秀建立东汉王朝，他主要依靠的是士族力量，所谓"得士族者得天下"，而这些士族大多都是具有儒学背景的强宗大族。凭借一种学问成为皇帝起家依靠的重要力量，在今天看来多少有点不可思议。其实许多事物的崛起往往都与经济利禄密不可分，儒学强宗的出现就与西汉选拔官员的制度密切相关。西汉官员选拔，精通儒家经典是非常重要的考核条件，有一句大家耳熟能详的俗语："书中自有黄金屋，书中自有颜如玉"，在汉代，是"经中自有黄金屋，经中自有颜如玉"。在这种以经学选官的政策刺激之下，汉代出现了一批儒学世家而累代为官的强宗大族、豪族。既然这些强宗大族是因儒学而起家，他们自然服膺儒家思想，也积极追随孔子积极提倡的礼。对于这些儒学强宗大族而言，礼对他们也有更直接的利害关系，因为要维系宗族族人关系，只有依靠礼的层序控制系统的整合功能。在他们看来，礼既讲亲亲，也讲尊尊，还讲贵贱有等，既维系族人的亲情，又严守上下尊卑，因而在礼的层序控制系统控制下，每一个人都能够明白自己的身份地位，也能够恪守自己的本分，在上者不会恃强凌弱，在下者不会犯上作乱，这样的宗族家庭既温情脉脉，也秩序分明。因而东汉的强宗大族们非常重视礼，也依赖礼。所谓宗族盛，则礼隆；宗族衰，则礼衰。

二是东汉以士族为代表的统治集团对礼的社会功能的重视。春秋战国，王室衰微、战火四起，天下分崩离析，社会动荡不安，先秦诸子纷纷提出了救世主张，儒家、墨家、法家、道家、阴阳家、兵家、农家等各争雄长，而首先被帝王采用的是法家之说。秦始皇横扫六国，最终一统天下，他所以能建立这一前无古人的伟业，是因为他的祖先积累下来了雄厚的经济、军事实力。可是秦国原本是被东方六国鄙视的蕞尔小国，而它由弱转强，后来发展成为一个傲视群雄的强国，并最终成为笑到最后的王者，那要感谢商鞅在秦国的变法。正是商鞅的全力变法，才使秦国摆脱了贫穷、落后与野蛮，而迅速崛起，所以秦国实际是法家思想的受益者。秦国的经历使秦始皇相信法家才是立国之本，因而统一天下后，法家思想成为他治国思想的不二之选，但是法家唯法为上、繁法苛刑的国家制度，却又让秦朝迅速走向灭亡。汉立朝以后，汲取秦朝速亡的教训，先是实行黄老的与民休息，后又独尊儒术，可是追寻根脉，究其实质来看，汉朝治国其实也在继承秦制，尤其是一系列官、刑制度，西汉大部分都在沿用秦制，在某些地方甚至比秦朝还严酷，只不过汉朝不像秦朝那样繁法或滥法，而且又先后用黄老、儒家进行调适。因此我们可以这样说，西汉早期的政治是外黄老而内法家，在独尊儒术之后，则又是阳儒而阴法，汉代朝廷始终都没有抛弃法家的刑政制度，这种两面兼用的政策使西汉由弱转强，并走向鼎盛。然而当国家矛盾丛生、冲突不断时，汉代朝廷开始极力强化刑政制度。事与愿违的是，这些不断强化的一系列刑政制度，并没有解决所有问题，社会反而愈益动荡。西汉末期的动乱、东汉中后期的动荡就是很好的证明。东汉统治者很清楚地认识到这一点，于是孔子那句话在他们耳边重新响起，孔子说："道之以政，齐之以刑，民免而无耻；道之以德，齐之以礼，有耻且格。"刑政的高压固然可以让百姓老实听话，不违法作乱，但是百姓只是因为力小势弱而畏惧，并不是真心诚服，因为国家没有从道德是非上为他们指明道路，所以他们并不以犯法作乱为耻，一旦实力变强，铤而走险就在所难免；而用道德礼义教化百姓，百姓明白尊卑长幼之序，懂得是非黑白的道理，在他们内心树立起了道德的堤坝，他们就会真心诚意遵守国家法度。当东汉人清楚地认识到了礼乐与刑政在治政效果上的区别之后，孔子提倡的以礼乐教化为主、以刑罚为辅的思想，就被他的追随者们隆重抬出来。孔子的追随者们主张国家要重视德礼，在政治权力之外重建道德的权威，配合以礼仪，形成一套精神控制力量。这种思想在东汉统治集团有比较广泛的基础。其实东汉初期的皇帝就亲自倡导，并且躬行实践，东汉中后期以后各地方的长吏、士族儒宗人物更是大加提倡。

在这样的背景下，东汉形成了隆礼的文化形势，东汉经学家重视礼的研究和传习，一些人因为通礼而名声显赫。今文经学家还被皇帝郑重邀请去制定朝仪、宗庙祭祀之礼，可惜礼学并不是今文经学家的强项，他们鼓捣出来的一些礼仪闹出许多笑话。相比之下，古文经学家更长于礼学，他们的解释更加可信，借此机缘，古文经学得到长足的发展，并占据了经学的强势地位。而郑玄的最后一位老师马融就是精通礼学的古文经学家。

然而事情的发展都有它的两面性。东汉重礼，因而绝大部分儒林士人以德礼约束自己，注重个人品节，清身疾恶，不交非类，高自标持，激浊扬清；但也有一些人表面上尊礼，实际不过是沽名钓誉，以尊礼为谋取利禄的手段和工具。东汉人许武，以孝廉被地方举荐。做官之后，因为两个弟弟年幼，没有名望，为了让两个弟弟也能获得推荐，出来做官，他想出了分家的招数。分家时，身为大哥，他不仅不让着两个弟弟，反而将家里的良田、精壮的奴仆、高屋大宅全部分给自己，将贫瘠的土地、老弱的奴仆、矮屋小宅都分给两个弟弟，出人意料的是，两个弟弟既不与哥哥许武争，也不生气，于是两个弟弟获得了敬兄、谦让的美名，都被推举出来做官。当然许武本人因为与弟弟争家产，而被世人讥笑和鄙视。眼见两个弟弟如愿做了官，许武召集宗亲族人，流着眼泪对大家说明自己当初分家的本意，就是为了帮助两个弟弟也能够做官。言毕，又将家产全部让给了两个弟弟。宗亲族人对许武那叫一个敬重佩服，许武爱护弟弟的美名远近闻名，许武的官也就越做越大。许武的这种行为，固然是出于帮助弟弟的良苦用心，可是其手段却太过龌龊，他完全是在利用礼，把礼当作获利的工具。这种以礼谋利的现象东汉末期并不少见。许武的孙子许荆深得祖父真传，当侄子行凶杀人后，他一面包庇侄子，一面却在受害人家属面前大谈"礼""义"，博取社会声誉，后来竟然也被举为孝廉，可谓虚伪至极。

同时在东汉中后期，由于宦官、外戚轮番掌控国家政权，使国家制度、国家纲纪陷入瘫痪。雪上加霜的是，宦官、外戚、皇权、党人等各方势力争斗不息，你方唱罢他登台，政治环境险象环生，政治斗争波谲云诡，人们就如惊涛骇浪中的一叶小舟，不知哪里是安全的港湾。人的生命正如曹操所说"譬如朝露"，转瞬即逝，于是远离政治，远离仕途，鄙弃礼法，越名教而任自然的思潮悄然兴起，这种思潮开始冲击礼法的社会地位。

郑玄所处的时代就是这样一种情势，那么国当如何治？郑玄有他的认识，他说："国以礼为本。"又说："为政在人，政由礼也。"显然以礼治国、以礼匡世是郑玄的政治思想。我们知道，郑玄早期注释的是纬书，在遭禁锢期间倾全力注释的是"三礼"。纬书与"三礼"虽然在内容上有根本的不同，但有两个共同的地方不容忽视。一是纬书与"三礼"都是在当时特别盛行或被社会看重的书。如前所言，纬书在汉代盛行一时，后又成为朝廷内学，为皇家所重视。二是纬书与"三礼"当中都有强烈的治世思想。也就是说，这两类书都不是冷僻而无关时政的典籍。所以我们认为，郑玄早期注纬书也罢，禁锢期间倾全力注"三礼"也罢，都不是纯粹地去追寻学术真相。在探寻学术真相之外，郑玄还要借注释"三礼"，表达他纠治东汉末期混乱时局的见解和想法，他要重申礼的真意和价值，维护礼的地位，剥下沽名钓誉者虚伪的外衣，震摄破坏国家秩序的乱臣贼子，重振礼制纲纪，发挥礼制的治世功能。

郑玄有别于大多数汉代经学家而令人钦佩的地方，在于他能够坚守清贫，他没有用学术成就换取进身之阶，没有用学术声望博取丰厚的利禄，更没有用学术造诣当作攀附权贵的资本。与汉末那些伪名士更有别，这些伪名士有意做出一些特立独行之事，以提高自己的名望，当声名达到一定程度，朝廷的召请达到他们希望的档次，便欣欣然应召出仕。这样的名士在东汉末年其实占据了主流。而郑玄依然故我，淡泊名利，粪土利禄，但是我们一定要清楚，淡泊名利的郑玄，其实也有救世的热情，他在从事严肃的学术研究的同时，也在为挽救社会危难寻找救治的药方。郑玄是一位学术造诣炉火纯青、登峰造极而又心忧天下的学问大家，在他身上体现出中国古代知识分子以道自任的担当精神。

## 首重《周礼》

《周礼》《仪礼》《礼记》三部礼书，内容丰富，卷帙浩大。在三部礼书中，郑玄最重视的是《周礼》，纵观郑玄一生的注经事业，《周礼》不仅是他注经事业的重心，也是他注礼事业的核心。郑玄"三礼注"的完成次序是先注《周礼》，再注《礼记》，最后注《仪礼》。《周礼》如此受郑玄青睐，实是出于郑玄救治乱世的热情。

郑玄认定礼是治国之本，希望兴礼乐，来挽救汉末乱世。但一个问题摆在了郑玄面前，那就是"三礼"当中哪部典籍更契合他的想法。《仪礼》主要内容是贵族生活、交往的礼节仪式，涉及国家管理的内容很少；《礼记》是解释《仪礼》的传，内容庞杂，思想丰富，但缺乏国家典章制度的具体构划，很难用此设置出清晰、井然有序的政治蓝图。只有《周礼》，条理井然，本身就是一幅王者建国之蓝图，因此对于期望重振礼制以重建秩序的郑玄而言，《周礼》最符合他借注释经典来表达救世的思想。这是郑玄重视《周礼》的一个重要原因。

郑玄重视《周礼》的另一个原因是，他相信《周礼》是"周公致太平之迹"。在这里，我们有必要介绍一下《周礼》这本书的来历。历史上关于《周礼》一书有很多争议，有人说是周公所作，有人说是战国时期一位原周朝档案管理员所编，有人说是战国时期六国阴谋之书，还有人说是那位挑战今文经学权威的斗士刘歆所伪造的，他伪造此书的目的是为王莽篡汉作准备。总之《周礼》一书迷雾重重，至今仍不能断定此书到底是何人何时所作。

不过可以确切知道的是，《周礼》一书的出现比《仪礼》要晚得多，也不像《仪礼》，很早就有人在教授传习，孔子给学生讲礼，主要讲的是《仪礼》，而不是《周礼》；而且《周礼》一书出名，很大程度上还确实与王莽有关，因为王莽取代西汉而建立新朝，就曾经用《周礼》来指导他的王朝建设。而汉代人真正关注《周礼》，其实也是在王莽时期。即便如此，在东汉，很多经学大师都相信《周礼》是"周公致太平之迹"，他们认为武王去世后，成王年幼，是周公辅佐年幼的成王安定西周，奠定了周朝七八百年的基业。周公成功的秘诀就保存在《周礼》这部神圣的典籍里。刘歆之后，东汉著名的经学大师郑兴、郑众、贾逵、马融都是坚信周公作《周礼》。《周礼》既然是周公所制典章，当是最具经典意义。对此，郑玄也持同样的观点，以"周公致太平"的制度来挽救风雨飘摇的东汉政权，应该是他特别重视《周礼》而全力注释的重要精神动力。

《周礼》共有六大官，六大官下又各有自己的属官，共有三百六十三属官，郑玄认为这是象天有三百六十度。《周礼》第一大官是天官冢宰，郑玄认为这是象征天统理万物，所以设置冢宰，"冢"的意思就是大、全面，也就是说冢宰的职责是总管一国治理，统帅众官，督促他们恪尽职守。冢宰为六官之首，百官之长。为什么不用"司"来命名？因为冢宰只是负责政事全局，并不负责某一具体职事。《周礼》第二大官是地官司徒，郑玄认为这是象地，地承载长养万物，所以设置地官司徒。"司徒"的意思就是主管徒众，所以司徒的职责就是负责安顿百姓的生活和教化万民。《周礼》第三大官是春官宗伯，郑玄认为这是象春，春天万物出生，所以设置春官掌管一国之礼，祭祀众神，报本返始，感谢神灵佑护下民。之所以叫作"宗伯"，"宗"的意思是尊，宗伯沟通神灵与人事，所以要尊神。《周礼》第四大官是夏官司马，郑玄认为这是象夏，夏季整齐万物，所以设置夏官司马掌管一国之军事，正天下，平动乱。之所以取名"司马"，因为马与战事相关。《周礼》第五大官是秋官司寇，郑玄认为这是象秋，秋季天气肃杀，万物凋零，实是自然收聚敛藏万物，所以设置秋官司寇掌管刑法，抓捕和惩戒不法分子，使人归于善道。《周礼》第六大官是冬官司空，郑玄认为这是象冬，冬季万物闭藏，积蓄力量，以待来年，所以设置冬官司空掌管一国之事务，保障百姓有富庶的生活。"司空"的意思就是不使百姓生活有空缺，陷入困顿。总之，在郑玄看来，《周礼》就是天子治国的官政之法，六官自上而下，各司其职，各守其份，国家的治理井然而有序，这正是先圣的"元意"。郑玄认为《周礼》官政之法仍具有重要的现实意义，因而在解释《周礼》时，他非常注重挖掘其治政理念，其实质无非是借以表达郑玄本人的治世观念。

所以我们说郑玄重"三礼"，而尤其重《周礼》，实因于他救治乱世的情怀。正因为郑玄精通"三礼"，重视古礼中切合现实政治思想的阐发，也有他自己关于重振纲纪的设想，所以郑玄所论，不仅不是书生的迂腐之论，而是治国之大道。郑玄的同学卢植非常明白这一点，为了挽救大厦将倾的东汉王朝，他向皇帝隆重推荐郑玄，请郑玄帮助朝廷"修礼"。著名的刘皇叔刘备早年曾与郑玄有过不错的交情，他后来回忆与郑玄的交往，感慨颇深，他说郑玄与他谈的最多的就是国家治乱之道，而且在刘备看来，郑玄所讲都切中时弊。所以说，郑玄是深知治乱之道的，而郑玄能有此认识，不能不说与他研究礼典、研究历史有很大的关系。

## 改变孔子礼学体系

因为郑玄注释三部礼书，最重视《周礼》，置《周礼》于首位，因此后世称呼三部礼书的顺序就是《周礼》《仪礼》《礼记》，而这实际是郑玄的三礼体系，并非孔子的礼学体系。

如果按照三部礼书的完成时间以及在社会上的传习时间来看，应当是《仪礼》为首。孔子的礼学体系实际是以《仪礼》为中心。

《仪礼》一书主要内容是贵族生活礼仪及其相互交往的仪式，从仪式开始到仪式结束，详细记录每个仪式当中不同身份的人穿着的服饰、站立的方位、使用的器皿，人们行礼时进退、揖让的姿态，交谈时的言语与措辞，每件器物摆放的位置，等等，一一记载，巨细无遗。

如《仪礼·士相见礼》，主要记载了士人、下大夫、上大夫等贵族初次相见的礼节。进入仕途，贵族们须拜见与他职位相近贵族。这在贵族仕途生涯中是一件非常郑重的事情。由于彼此素昧平生，不事先约见，就贸然闯到对方家中求见，那是非常失礼的，所以事先一定要通过"将命者"去转达求见之意。"将命者"就是传命、居中沟通双方意愿的人。获得对方允准，才能到对方府上拜访。为了表示郑重，拜访对方时要执挚相见，即要携带礼物。所谓"不以挚，不敢见尊者"。"挚"即礼物，士人见士人，礼物是雉。以雉为礼物，是取雉不为食所引诱，不为威所慑服，宁死而不被蓄养，象征士守节、死义的品格。下大夫之间初次相见，用雁为礼。用雁为礼物，是取雁顺时而飞，飞能成行，止而成列，象征大夫奉职于四方而能自律以事君。上大夫之间初次相见，则以羔羊为礼物。以羔羊为礼，是取羔羊虽群居却不结党，而且服从头羊，象征上大夫之间同朝为臣而不结党，服从君王。所以贵族们执礼相见，目的不在礼物，而在礼物的道德寓意，是以德行相交，而不是以财物拉拢。而且受礼的一方在次日还须将礼物奉还对方，否则就有贪财之嫌，真所谓"君子之交淡如水"。

《仪礼·士相见礼》还详细记载了这些士、下大夫、上大夫们相见时，奉送礼物的仪态、言谈举止的礼仪规定。总体而言，《仪礼》就是记载这类仪式的一部书，这些礼仪在我们今天看来可能会觉得烦琐，可是古人恰恰就是要通过这些礼仪来分别尊卑上下，教导人们相互之间应有的敬让，因为那毕竟是等级社会。既是等级社会，就必然有尊卑上下，也就要有相应的法式来加以维护，并且要在人们的一言一行当中表现出来。

当然这些礼仪都是贵族礼仪，因为礼不下庶人。然而即便贵族们血统高贵，他们也不可能天生就会这些礼仪，必须通过非常严格的学习，才能真正掌握如此琐细而庞杂的礼仪，所以古代贵族教育有一个非常重要的内容，就是礼乐教育。《周礼·大司徒》记载周代太学贵族子弟们要学习"六艺"。所谓"六艺"就是礼、乐、射、御、书、数。在《礼记》中也有类似的记载。《礼记·文王世子》说：三王教他们的继承人世子，礼乐是必学的课程。贵族子弟年少时在家中要学习举止谦恭、事奉长上的各种"幼仪"，二十岁举行成年礼后，要到高等学府里学习更为复杂而重大的礼仪。为了达到更好的学习效果，贵族子弟们的学习内容是依时而定的，即根据季节来安排，并在专门的地方由专门的老师来讲授，郑玄说："因时顺气，于功易成也。"礼仪这门课程就安排在秋天，在一处名叫馨宗的高等学府由礼仪专家来讲授。

古人通过礼仪分别尊卑，显示身份，如果没有熟练掌握这些礼仪，稍有差池，就会在无意当中冒犯别人，也就难以在社会立足，所以孔子说"不学礼，何以立?"而孔子办私学，礼乐也是他教学的重要内容，孔门四科就是《诗》《书》《礼》《乐》。由于《仪礼》是具体的仪式，不像《诗》《书》，通过吟诵，就可以记在学习者的脑子里，这些仪式必须通过演练实践，落实在学习者的行动上，才能让习礼者真正学会和运用。如"趋"，这是古代的一种礼节，以碎步疾行表示敬意。这种碎步疾行的动作只有通过练习，到了正式场合才不致出丑闹笑话。《仪礼》当中其他礼仪都是如此，所以这是一部强调礼仪实践的典籍。

孔子以《仪礼》为首，说明他很看重礼乐教化与礼仪演习在政治管理程序中的重要作用，正因为如此，他在教育学生时，才不断让学生演习礼仪，即便是在陈蔡被桓魋围困，几天没有饭吃，学生们饿得走路都打晃了，他还让学生在大树下演习礼仪。而孔子学生中明礼之人当真也不少，子夏就是其中的代表，有的学生为官以后，果真也能以礼乐教化进行有效的政治管理。总之，孔子的礼学体系是以《仪礼》为首，孔子的这一礼学体系实质所强调的是教化性礼乐仪式的示范作用，希望通过礼乐教化实现政治管理。

但是郑玄以《周礼》为首的礼学体系改变了孔子礼学体系，孔子礼学由此更新为郑玄礼学。《仪礼》记录的是周代贵族的各种礼乐仪式，《周礼》记录的是官制政典。郑玄以《周礼》为首的礼乐体系，实质就是以官制统帅礼制，强调实行在官制政典直接指导下的统治管理，孔子礼学体系原有的教化性礼乐示范被行政统管体制下的强制所取代，强化了国家治理政治集权的色彩，加强了礼学体系中的政治借鉴意义。这显然是对孔子原意的偏离，然而这一偏离却也使儒家的礼学获得新生，因为以《周礼》为首的礼学，强调制度管理，其中还有一些集权思想，更适应秦汉以后国家统一的现实，在某种意义上更符合政府集权体制的需要，汉唐以后政府体制的建立其实都能看到《周礼》的痕迹。而这一切，郑玄的贡献不可忽视。

## 四、论战何休　归宗古文

郑玄遭党禁的十四年当中，还发生了一件让学术界津津乐道的事情，那就是他与今文经学大师何休的论战。

### 何休其人

在汉代，何休可是响当当的人物，是东汉硕果仅存的今文经学大师，他以研究公羊学闻名，在东汉思想界占有重要地位。东汉顺帝四年（129），何休出生于任城樊县，这樊县在今山东济宁市东。何休的家庭条件优越，书香门第，父亲何豹是朝廷重臣。生于这样的家庭，何休自幼受到良好的教育。不过，据史书记载，何休为人却很朴实敦厚，不善言辞，然而悟性极高，思维敏捷，极有主见。可谓大智若愚，大巧若拙。

青少年时期，何休也曾出外游学，访求名师，结交同道。访学天下的经历，让何休增长了见识，开阔了眼界，为他日后的学术成就奠定了坚实的基础。广泛而扎实的学习经历，使何休对当时学界风行的学问都很精通，他精于《易》《京氏易》《尚书》《诗经》《韩诗外传》《礼》《左传》《穀梁传》，对于《论语》《孝经》以及各类纬书也都有研究，其他三坟、五典、阴阳、算术以及远古图谶，诵背如流。对别人的提问，从不口答，提起笔来，下笔成章，答案跃然纸上，简洁而又准确。何休学识之渊博，可与郑玄媲美。

汉代有一项非常特别的制度，为了保证官吏队伍后继有人，巩固王朝统治，规定凡二千石以上的官员，他们的子弟在成年后可以享受父荫，自动升为郎。郎就是汉代中央和地方机构的候补官员。何休的父亲官至二千石，所以何休成年后，也就被增补为郎。按当时风尚，何休可以心安理得地享受官僚子弟的种种特权，如果没有意外，一生在仕途上应该是顺风顺水，可以由郎官步步升迁。然而与郑玄一样，何休对做官也没有兴趣。与做官相比，他更喜欢读书，希望在圣人经典中找到修身、齐家、治国、平天下的真谛，开创属于自己的事业，于是他以身体有病为由，辞去郎官，告别官场，重新回归读书治学的宁静生活。由于在社会上的名望很高，因而他不断接到一些地方长官的聘请，但他都一一回绝了，专心一意地研究儒家经典，并且身体力行儒家礼义之道。虽然拒绝走进官场，但是何休内心其实也有兼济天下的理想，他也希望为拯救这个乱世贡献一份力量，所以当刚烈正直、广受天下尊敬的陈蕃向他发出邀请时，他毅然舍弃平静的生活，出山为官。

然而也正是这次出山为官，让他卷进了政治旋涡，这就是党锢之祸。党锢之祸发生时，何休三十八岁。第一次党锢之祸没有波及何休，第二次党锢之祸来临时，何休没能幸免。因为他是陈蕃的门生故吏，而陈蕃又是反宦官主将，陈蕃事败被杀后，党人失去依靠，宦官疯狂反扑，株连一大批人，何休在劫难逃，免官被禁。可是极有讽刺意味的是，宦官制造的党锢之祸，断绝了何休的仕途，但却成全了何休潜心治学的心愿，为他成为一代公羊学大师创造了契机。何休一生治学勤奋，著作等身。而何休自己最为看重、也是他学问建树最高的是公羊学，他一生治学的代表作是《春秋公羊解诂》。何休作《春秋公羊解诂》的时间就在他被禁锢期间。

那么，为什么在众多的儒家经典当中，何休对《公羊传》

情有独钟呢？表面原因是他师承的老师是公羊学大师，他要继承师门学术。其实更重要的原因在于《公羊传》本身的特质。我们知道《春秋》有三传，即《春秋公羊传》《春秋左氏传》《春秋穀梁传》。前面我们讲过，《公羊传》在汉代由于皇帝推崇，始终具有辉煌而崇高的地位，阐释《公羊传》而形成的公羊学是今文经学的最高成就，也一直占据汉代学术的主导地位。《公羊传》之所以受皇帝重视，受汉代人追捧，是因为它宣扬"大一统"、皇权天授、三世说、宗统名分、德刑并举等思想，符合建立统一集权的汉帝国需要。那位建议汉武帝"罢黜百家，独尊儒术"的董仲舒，就是著名的公羊学大师，他一生也依赖《公羊传》而立身。而《公羊传》确实对汉帝国的统一与集权贡献颇多。何休注《公羊传》，目的就是借此重申国家大一统、王权神圣、君臣大义，打击宦官嚣张气焰，重振国家纲纪，以补敝起废。《公羊传》本身的特质为何休表达政治关怀提供了方便途径。

何休选择《公羊传》还有另一个重要原因，那就是东汉时期学术风气的转变。古今文经学之争走到东汉时期，两派实力发生根本逆转，虽然今文经学依然占据朝廷官方地位，可已是强弩之末，古文经学才是当时学术的真正主宰者，古文经学涌现出了一大批著名的学者，如郑众、桓谭、贾逵、马融、许慎、服虔、郑玄，而今文经学的名家却寥若晨星，数得上名的也就只有何休与他的前辈李育而已。而且古文经学还有更厉害的一面，就是他们不再专治一经，而是兼习数经，甚至学习今文经，博采百家。东汉时的一些皇帝其实也是古文经学的支持者，汉光武帝、汉章帝就支持古文经学。因为有皇帝做靠山，古文经学表现得非常强势，他们不仅揭今文经典籍的短，批判今文经的重镇《公羊传》，而且把他们看中的今文经学的高材生挖过去，让这些学生转而学习古文经。在这样的学术背景下，今文经学日益式微。当然今文经学阵营并不甘心古文经学的得势，他们要抗争。何休就是今文经学阵营中积极抗争的代表，他挺身而出，抗衡古文经学，保护今文经学。他以今文经中最有影响力的《公羊传》作为抗衡古文经学的堡垒，作《春秋公羊解诂》。在作《春秋公羊解诂》时，他吸收汉代公羊学的优秀成果，剔除其不足，发挥《公羊传》真义，意图从根本上扭转今文经学的被动局面。

除此之外，为反击古文经学，何休主动出击，写了三部非常有名的著作，向古文经学发起直接攻击。这三部著作就是《公羊墨守》《左氏膏肓》《榖梁废疾》。这里的"公羊"就是《春秋公羊传》，"左氏"就是《春秋左氏传》，"榖梁"就是《春秋榖梁传》。其中《春秋左氏传》《春秋榖梁传》都是古文经。为什么叫《公羊墨守》呢？意思是在《春秋》三传中，只有《公羊传》大义深远，玄理深奥，放之四海而皆准，可永立于不败之地，如同墨子守城一般坚固；而《左氏膏肓》和《榖梁废疾》的意思是，《春秋左氏传》与《春秋榖梁传》这两部书问题太多，毛病丛生，如病入膏肓，不可救药，如同废物垃圾，不值一读，只能废弃。何休高调肯定《春秋公羊传》，在保护今文经学的同时，对古文经学全盘否定，言辞激烈，毫不留情。平心而论，何休对古文经学的批判，有些比较合理，可是有些就比较偏激了，尤其他说古文经典籍《春秋左氏传》《春秋榖梁传》都是废物垃圾，就不只是偏激了，完全就是在污蔑和挑衅了。

## 论战何休

何休三书一出，一石激起千层浪，引起古文经学家强烈不满，他们要反击。代表古文经学对何休进行回击的主角是郑玄。如前所言，郑玄博学多识，胸襟广大，既学古文经，也学今文经，而且对两者都很精通，不过在总体立场上，他还是倾向古文经学。所以当看到何休对古文经学如此偏激的批判，郑玄觉得自己不能坐视不管，他要站出来为古文经学讨个说法。

问题是，《春秋公羊传》《春秋左氏传》《春秋穀梁传》三部典籍卷帙浩繁，何休是公羊学大师，所以他推崇《公羊传》，批评另外两部典籍，是有一定发言权的，郑玄有这个资格和能力来与何休一较高下吗？遍寻古文经学阵营，还真是只有郑玄才有资格、有能力与何休一较高下。大家不要忘了，郑玄对《公羊传》也是很精通的。郑玄入太学，师从的第一位老师第五元先，主要给郑玄讲了两部经典，其中一部就是《公羊传》。除此之外，郑玄也精通《左传》，因为他在太学的第二位老师张恭祖给郑玄主要讲授了五门课程，《左传》就是其中的一门。而于《穀梁传》，郑玄自己也在收集资料，在注释"三礼"之余，为《穀梁传》作注，所以郑玄精通《公羊传》，熟悉《左氏传》，了解《穀梁传》，他是能够担起回击何休而抗衡今文经学的重任的。

针对何休三书《公羊墨守》《左氏膏肓》《穀梁废疾》，郑玄写出了《发墨守》《箴膏肓》《起废疾》三书。在这三书中，他对何休三书予以了有力的批驳。非常可贵的是，郑玄对何休三书的驳斥，既没有因为要维护古文经学而有意对古文经学护短，也没有因为要回击今文经学而对今文经学的长处故意视而不见，而是有理有据、条分缕析、严肃的学术讨论，不是为了争夺学术地盘或者学术资源的意气之争。具体而言。郑玄在辩驳中做到了以下几点，由此我们可以窥一斑而见全豹，领略郑玄论战之风范。

**第一，据经典以驳。**

因为《春秋公羊传》《春秋左氏传》《春秋穀梁传》都是对孔子整理的《春秋》的解释和补充，都是儒家经典，然而在儒家经典中，有些年代更悠久，更靠近所描写史实的时代，比如《诗经》《尚书》等等，而《春秋公羊传》《春秋左氏传》《春秋穀梁传》都是战国时人所作，时代要晚很多。因此郑玄在驳斥何三书时，就以更早的儒家经典为依据，摆事实，讲道理，让何休在经典面前输得心服口服。

如何休在《左氏膏肓》中说，按照规定，天子的车称大路，诸侯的车称路车，大夫的车称车。有个叫郑子侨的人，不过是诸侯的一个大夫，可是《左传·襄公十九年》却说：王赐给郑子侨大路。孔子说过"唯器与名不可以假人，名不正则言不顺"，周王怎么可能把只有天子才能乘坐的大路赐给区区一大夫，这不符合礼制，所以《春秋左氏传》显然是胡说。

对此，郑玄引用《诗经》为证，证明其实大夫之车也称"路"。如《诗经·小雅·采薇》有这样的诗句："彼路斯何？君子之车。"这两句诗的意思是：那个"路"是什么呢？就是君子之车。这首诗明明白白告诉人们大夫的车也称路。何休的批评明显站不住脚。相比之下，何休对《左传》的批评，主观推理、想当然的成分很大；而郑玄的回击则论之有据，而且证据无可挑剔。

**第二，据史实以驳。**

在反驳何休时，郑玄还依据史实为证。其实学术界都知道，《公羊传》解释《春秋》，有时不顾历史事实，只凭主观理解来附会经义，因此有一些非常明显的错误。对此，郑玄便以历史事实为根据，指出《公羊传》解经的错误。如《公羊传·桓公十一年》讲述了一段历史："古者郑国处于留""庄公死，已葬，祭仲将往省于留"。翻译成白话文，意思是：古代郑国国都在留。郑庄公死，已经埋葬。郑国的国相祭仲去留视察。这里有个关键词"留"，"留"是一个地名，《公羊传》的作者认为"留"是郑国的国都。这是一个非常幼稚的错误，因为他误把春秋时郑国的国都当作郑国最早的国都。于是郑玄以历史为据，为《公羊传》的传人们补了一堂历史课。郑玄指出，郑国最早的国君是郑桓公，郑桓公是周天子周宣王的同母弟弟，也许是出于疼爱，也许是为便于经常见面，周宣王没把这位弟弟封到外地，而是在西周王畿内为郑桓公赏赐了一块封土，郑国的都城就在西周王城附近，确切地址在京兆郑县，也就是今天陕西华县附近。这时候西周王朝国力衰弱，经常被西边一个名叫犬戎的少数民族攻击，公元前771年，周幽王被犬戎所杀，郑桓公殉难。郑桓公死后，郑武公继位。周朝实在没法在陕西待下去，周平王只得东迁到洛阳，郑武公护送周平王东迁，而郑国也一起从陕西华县东迁到了河南新郑。郑武公死后，继位者是非常有名的郑庄公，郑庄公是春秋时一位杰出的政治家。郑庄公出生时，因为难产，他妈妈受到惊吓，所以给他起了一个名字叫寤生。从郑桓公受封，建立郑国，到郑庄公，郑国只有三世相传，时间不长，历史不久，所以在当时来说算不上"古"，因此称"古代郑国"显然与历史不符。"留"在哪里呢？留就在今天河南开封。郑国最早的都城在京兆郑县，也就是今天的陕西华县，他们来到河南也是后来的事情。因此说"古代郑国都城在留"，明显就是不懂历史了。《公羊传》的错误显而易见，既然《公羊传》有错误，怎么能够"墨守"，何休的说法不攻自破。

又比如《左传·襄公十一年》记载，鲁襄公时季武子专权。季武子为了更好地把鲁国治政权力掌握在自己家族的手中，他有一个举动，就是"作三军，三分公室，各有其一"。季武子要干什么？原来他要编制三个军，把国君鲁襄公公室的军队一分为三，由季孙氏、孟孙氏、叔孙氏三族各掌握一个军。这对于国君鲁襄公来说是一件天大的事，身为一国之君，国家的军队却掌控在下面三个家族手里，自己手中空空如也，不能调动军队，那就只能听任下面大臣摆布了。而对季武子来说，他虽然没有把鲁国国君废除，可是他把鲁国国君的军队控制起来，鲁君就只能是他的傀儡了。所以季武子的行为实际是削弱鲁襄公公室，而不是尊崇公室。可是何休却说，《左传》说了这是季武子"尊公室"，而何休本人认为季武子不是尊公室，而是在恢复古制，废除中军，所以《左传》有误。那么《左传》当真说过季武子"尊公室"吗？郑玄指出这完全不是事实，他直接找到《左传》原文，指出《左传》原文是这样写的："作三军，三分公室，各有其一。"《左传》原文的意思就是季孙氏、孟孙氏、叔孙氏三家开始专兵权，削弱公室，《左传》根本没有说过"尊公室"。郑玄以经典原文为证，证明这是何休无中生有，凭空捏造。事实面前，何休无以作答。

**第三，据事理以争。**

郑玄驳斥何休，还做到据事理以争，以理服人。何休写《穀梁废疾》，批评《穀梁传》漏洞百出，只能废弃。对此郑玄以理相驳。要说明这一点，我们先要讲一个历史上有名的故事——宋襄之仁。

故事的主角是宋襄公，讲的是宋襄公在对敌作战时因为对敌军讲仁慈而导致全军溃败的事情。具体经过是这样的：在春秋诸侯争霸的背景下，当时宋国虽然算不上大国，却也有一定实力。齐桓公死后，霸主之位一直空缺，所以宋襄公也想过一把霸主的瘾，可是当时的楚国根本瞧不起宋国，不仅不答应让宋襄公当霸主，反而把他抓了起来，后来是鲁僖公出面调解，看在鲁僖公的面子上，楚国才把宋襄公释放了。宋襄公称霸不成，反成阶下囚，真是颜面无存，羞愤难当。回国后，听说西面的邻国郑国居然支持楚国称霸，觉得小小的郑国也欺负自己，气不打一处来，于是发兵攻打郑国，其实也有打狗给主人看的意思，借机也出出被楚国欺辱的恶气。郑国当然打不过宋国，立即向楚国求救。楚国派兵来救，与宋军在泓水相遇。这时，可笑的一幕出现了。宋军先到泓水，已经摆好了阵势，楚军还没有全部渡过泓水，见此情形，宋襄公的兄长目夷说："楚军兵多，我军兵少，敌众我寡，趁他们还没有全部渡过河，机不可失，请下令进攻吧。"宋襄公却说："我们是仁义之师，怎么能做出不仁之举，趁着人家渡河时发起攻击呢？"宋军按兵不动，眼睁睁看着楚军全部渡过泓水，开始在岸边布阵。这时目夷又说："赶快下令进攻吧。"宋襄公说："不行，等他们列好阵再打。"楚军布好军阵，宋襄公才下令进攻，结果楚兵人多兵强，一拥而上，宋军大败，宋襄公也被楚兵射伤了大腿，身边的护卫全部阵亡。事后，宋人都埋怨宋襄公。宋襄公却说："仁义的君子，作战时不攻击已经受伤的敌人，不捉拿头发花白的老人。古人作战，不靠关塞险阻取胜，宋国虽是亡国之君商纣的后代，但是即使要灭亡了，也不会去攻打没有布好阵形的敌人。"宋襄公此举在历史上备受争议：有人认为宋襄公宁可亡国也要守仁义，是舍生取义，真正的贵族风度；有人认为，宋襄公此举是妇人之仁，"蠢猪式的仁义"。

　　且不论别人如何争议，我们先看看《穀梁传》是如何评价宋襄公的？宋襄公因为这次战役受伤落下后遗症，不久就死了。宋襄公死了，也埋葬了。奇怪的是，《春秋》只记宋襄公死，却不记宋襄公"下葬"。这么大的事件，《春秋》怎么不记呢？这不符合史书"君举必书"的原则，更何况宋襄公可不是一般的国君，后来司马迁就把宋襄公列为春秋五霸之一呢。《穀梁传》认为《春秋》不记宋襄公"下葬"，是因为宋襄公失去了人民的拥护。因为他贵为一国之君，却把未经训练的人民带上战场，这无异于以羊饲虎，自己把军队双手送给敌人。这样的国君，人民怎么会以他为君呢？既然百姓不承认他是国君，那么宋襄公也就在实质上没有了国君的资格，孔子顺应民意，所以在整理《春秋》时，就没有按国君的规格对待宋襄公，也就没有把宋襄公死后下葬一事写进《春秋》。依据《穀梁传》的意见，《春秋》不记宋襄公"下葬"一事，是顺应民意，是孔子对宋襄公生前行为的暗贬。

何休不同意《穀梁传》的解释，认为《穀梁传》是胡说。何休认为宋襄公并非没有教民习战，也没有把未经训练的人民带上战场，他之所以会在泓水之战失败，恰恰是因为他恪守礼法。何休说："《春秋》贵偏战而恶诈战。"所谓偏战，就是交战双方约好时间地点，双方各据一面，鸣鼓而战，不相欺诈。诈战就是不宣而战、搞偷袭。在泓水之战中，宋襄公守礼偏战，他虽败犹荣，因为他遵守礼制，遵循仁义之道。所以《春秋》不记宋襄公下葬，不是针对泓水之战的失败，《穀梁传》的解释是错误的。那么为什么《春秋》不记宋襄公下葬呢？何休认为《公羊传》的解释非常正确。《公羊传》认为这是《春秋》为尊者讳，孔子同情宋襄公想继承齐桓公之志，称霸诸侯，匡扶周室，可是霸业未成，却身先死，他不忍心写宋襄公下葬，于是《春秋》就没有宋襄公下葬的记载了。所以《春秋》不记宋襄公下葬，不是贬，而是隐讳和同情。而且在何休看来，孔子提倡仁礼，宋襄公恰恰是既遵仁又守礼的，正是应该褒奖的对象，孔子怎么可能贬斥宋襄公呢？更何况如果从血统来说，宋襄公还与孔子沾亲带故，他们是同宗同祖的关系。

郑玄反对何休的说法，他指出虽然宋襄公也曾教民习战，可是到了战场上，宋襄公却不按战场法则指挥作战，把人民暴露在敌人的大刀长矛下，这与把一群毫无作战经验的百姓带到战场，任敌人宰割，有什么区别？泓水之战，不是偷袭，既然如此，就应该按战场形势调整作战策略。如果自己的军队多出敌人一倍就进攻，与敌军力量相当，那就是狭路相逢勇者胜，就要勇敢战斗，弱于敌军就固守。宋襄公违背了战争原则，又听不进别人的意见，错失战斗良机。一个国君，只讲道义，却不用贤良之人，怎么能兴霸王之功？只讲诚信，不看时机，不知灵活变通，怎么能近交邻国，远盟边疆？郑玄的分析入情入理，何休无可辩驳。

**第四，以子之矛，攻子之盾。**

郑玄在批驳何休时，还利用何休推崇的公羊学家所阐述的《春秋》"微言大义"来反驳何休，使何休处于自相矛盾的境地。

《春秋》有一个重要思想就是强调夷夏之防，尊王攘夷。不过《春秋》所讲的夷夏之防，并不是由地理和人种为区分的标志，而是以华夏礼义为准，以文化高下来区别，其主旨是强调"文化的华夷之辨"，是道德文化的先进与落后之分。夷代表落后野蛮文化，夏代表先进文明文化，夏主要是指中原地区的华夏礼义文化。夷夏之防就是要保护先进的华夏文化，消除不讲礼义的落后文化。

何休等公羊学家赞同《春秋》的夷夏观，并且提出"夷狄可进""中国可退"，什么意思？就是夷狄之有德者也可进化为夏，也就是进入先进文明的行列；中原国家如果背弃仁义礼乐，那就是自绝于文明，退化为野蛮夷狄。何休等公羊学家的夷夏观，总结起来就是：落后的夷狄可以走向文明，进入代表先进的华夏行列；先进的华夏诸国如果不尊礼法，丧失道德，也就倒退为夷狄。

然而何休依据这一观点批评古文经学时，有时立论疏忽。《春秋》中有"晋伐鲜虞"一条，意思是晋国攻伐鲜虞。鲜虞是古代居于北方的一个民族，春秋时属于白狄。有人认为这个民族是姬姓后裔的一支，生活在狄族地区。《穀梁传·昭公十二年》对《春秋》"晋伐鲜虞"这一条作了这样的解释：为什么称"晋"？因为把"晋国"看成了夷狄。晋国，原本是周武王的儿子、周成王的弟弟唐叔的封地，春秋时是一个超级大国，是春秋五霸中称霸时间最长的一个国家，出了许多名臣。所以从血统与历史来看，晋国是周王室正牌封国，血统高贵，历史辉煌，无论如何也划不进夷狄之列。可是为什么《穀梁传》说"把晋国看成夷狄"？《穀梁传》的解释是：因为晋国与夷狄交替攻伐中原诸国。也就是说，晋国虽然出身高贵，本属中原国家，可是它却与夷狄一样攻伐中原诸国，背弃礼义，那么也就无异于夷狄。《穀梁传》如此解释其实是符合孔子"夷夏"礼义之论的。然而何休不同意《穀梁传》的解释，他在《穀梁废疾》中说：《春秋》中记录这样的事情多了去了，可是却没有称那些中原国家为狄，所以《穀梁传》的说法不靠谱。郑玄为《穀梁传》辩白，在《释废疾》中，郑玄指出，当年楚国发兵攻打中原蔡国时，晋国完全有实力阻止楚国，可是袖手旁观，不出手相救，坐视蔡国被灭。要知道蔡国可是姓姬，是周武王五弟叔度的封地。因此从血缘上讲，晋国与蔡国本是同姓，是本家兄弟，眼见兄弟之国被灭，而漠不关心，与夷狄有何区别？所以《春秋》不写"晋伐北狄"，而写"晋伐鲜虞"，把晋和狄族鲜虞相提并论，就是对晋的讥讽和批评。这里，郑玄其实用的就是公羊学的"中国可退""夷狄可进"的观点，中原诸国如违背礼义，就退化为夷狄，晋国不救中原兄弟之国，背弃礼义，那就是夷狄，所以《穀梁传》的解释并无不妥，相反何休的反驳却与自己的主张相违背。郑玄用何休尊崇的公羊学的主张反驳何休，可谓以其人之道还治其人之身，何休哑口无言，哀叹说："康成入吾室，操我矛，以伐我乎！"

在郑玄与何休的论战中，郑玄论述精辟，笔锋凌厉，义正辞严，何休始终处于劣势，最后大败。我们知道东汉顺帝二年（127）郑玄出生于今山东高密，而何休在东汉顺帝四年（129）出生于今山东济宁市东。由此而论，郑玄比何休实际只大两岁，他们两人既是同龄人，又是同乡，学术经历也相似，都在青年时期求学问道于天下，而且精通的典籍也基本相同，都在党锢之祸中被禁锢，都在被禁锢时著书立说。在学术造诣上，两人都是学界执牛耳者。二人的不同，除了家境不同之外——何休家庭背景优越，而郑玄家庭一贫如洗——最大的不同是：在古今文争斗不息的时代，郑玄治经虽以古文为主，但也兼采今文，而何休则只取今文经。所以郑玄与何休的论战，既是两个年龄相仿的同乡在古今文经学方面的学术之争，更是一场高手之间的较量，因为郑玄、何休二人的学术造诣天下没有几人可与之匹敌。

两个学界顶尖高手的论战，在学界引起巨大震撼。由于是在党锢期间，读书人不敢谈论政事，于是郑玄与何休的论战就成为他们关注的焦点，或追随郑玄，或影从何休，求学问道者络绎不绝，他们"不远千里，赢粮而至，如细流之赴巨海"。一时之间，本就有名的郑玄与何休更是名声大噪，郑玄被称为"经神"，何休被称为"学海"。不过，郑玄对何休的批驳，兼取古今文，没有偏私，论之有理有力，往往切中要害，故而使天下经生、学者信服。反观何休，固守今文经，党同伐异，论证时前后矛盾，招致人们反感。因此这一战使何休及其公羊学受到重创，而郑玄之学则在天下所向披靡，在东汉末期至三国前期，郑学独步天下。

郑玄与何休的论战不仅对他们本人的学术生涯、学术名望有重要影响，也对中国学术发展有重大影响。这场论战，以郑玄战胜何休而告终。因为郑玄以古文经学为宗，所以郑玄的胜利，其实就是古文经学的胜利。郑玄的胜利也终结了今古文经学争论不休的历史。

在此之前，今古文经学两派已经有过三次大规模论战。第一次论战发生在西汉末年，古文经学的代言人刘歆与今文经学代表太常博士们展开论战。太常博士们人多势众，围攻刘歆，刘歆寡不敌众，败下阵来，最后请调外地。第一次论战，今文经学胜利。

第二次论战发生东汉光武帝初年，是古文经学学者陈元与今文经学学者范升的论战，论战的焦点是：是否在太学设立《古文易》《左氏春秋》的博士。此次论战，因为今文经学有政治权力的支持，所以再一次取得胜利，然而古文经学虽然失败，但是它的实力却明显增强。

第三次论战是一次大论争，发生在东汉章帝时期，论战的主角是古文经学大师贾逵与今文经公羊学大师李育，双方论战始于公元 76 年，止于公元 83 年，历时八年，因为汉章帝喜好《古文尚书》和《左氏传》，古文经学有了皇帝的支持，于是古文经学取得历史性胜利，古文经《春秋左传》《春秋穀梁传》《古文尚书》《毛诗》成为官办大学的必修教材，大行天下。

郑玄、何休论战是今古文经学的第四次论战。

从第一次论战到第四次论战，今古文经学论战的历史前后绵延一百余年，两家争斗不止，学术界风云变幻。今文经学由最初的强者，节节败退，最后彻底土崩瓦解，其中郑玄与何休的论战起着决定性作用。本来在第三次论战时，今文经学的地位就已摇摇欲坠，郑玄战胜何休，给了今文经学最后致命一击，彻底结束了汉武帝以来今文经学独尊的局面，化解了今古文经学水火不容的仇怨，终结了争斗了百余年的经今古文之争，促进了今、古文经学的融合，经学走向统一。

十四年的党锢之禁，打击了一大批儒生清流，使他们失去了仕途升迁的机会，却也成全了两位学术巨子——郑玄与何休。他们二人的重要著作都在此间完成，他们的论战也在此间展开，他们"经神"与"学海"的称号也在此间获得。而且儒家经学的纷争也在此间终结。真如老子所说："祸福相依。"

# 第3章

## 萍浮南北　执着注经

公元 184 年，郑玄五十八岁，他坐党锢已经十四年。不过，郑玄与党人们的灾难也到头了。结束这场灾难的是东汉末年另一场大的政治风暴。这就是黄巾军起义。

公元 184 年，河北巨鹿一个叫张角的道士领导的农民战争席卷全国，因为农民军都头系黄巾，故历史上称之黄巾军。黄巾军，声势浩大，各地纷纷响应，他们焚烧官府，劫掠聚邑，官兵难以应对，仓惶逃亡，京师震动，朝廷人心惶惶。这时有人提醒汉灵帝，党锢这么长时间了，党人们都心怀怨恨，如果还不赦免和宽恕他们，他们极有可能就与张角走到一起，联手与朝廷作对，那对国家将会是毁灭性的灾难。汉灵帝尽管昏庸，但是这时还算清醒，他听从了大臣的建议，下发诏令，赦免党人，解除党锢，并且召还已经发配边地的党人的妻子、亲人和故旧。汉代历史上长达十四年之久的政治灾难党锢之祸终于结束了，郑玄与那些党人恢复了自由。相比较而言，郑玄还是幸运的，因为他等到了党锢之祸终结，而与他论战的何休却已在此前两年去世，没有看到这一天。

郑玄在十四年党锢期间，完成了他一生最重要的著作：《周礼注》《仪礼注》《礼记注》。除此而外，他还撰写了《六艺论》《答临孝存〈周礼〉难》，还撰写了让他轰动当时的《箴膏肓》《发墨守》《起废疾》。党锢解除后，郑玄继续讲学著书，为了躲避黄巾军，他带着众弟子再次入不其山。在教书之余，他又注了《古文尚书》《毛诗》《论语》，撰写了《毛诗谱》。综合起来看，在后世所称的儒家十三经中，他已经为《诗经》《尚书》《论语》及"三礼"六部经典作注，而且都是高质量的精审注释。十几年的时间能有如此众多的成就，没有认真专一的定力和精神，没有丰富的学识，那是不可能完成的。

# 一、不乐仕进　数拒征聘

郑玄虽然恢复了自由，可宁静的生活也被打破了。儒生在汉代具有很高的政治地位，他们在政治生活中所起的作用，远非后代儒生能比，有时候，儒生的支持，即便是象征性的支持，对于新上台的统治者而言，也是一种合法性证明。因此那些新上台的统治者，或者准备要上台的政客，都积极拉拢、笼络儒生以及隐士，为自己撑门面、壮声威。典型的例子就是商山四皓。刘邦因为看到吕后与刘盈背后站着商山四皓，就认为吕后、刘盈已成气候，难以撼动，所以他只得把更换太子的想法咽回肚子里。刘邦以后的汉代诸帝，大多都要找些有名望的儒生、隐士放在自己身边，以证明自己政治的合理合法。这就是汉代的政治文化。这种政治文化直接影响到了郑玄党锢解禁以后的生活。

郑玄本人虽然"不求闻达于诸侯"，可是他的名望太高了，何况与何休一战之后，天下人又尊他为"经神"。树欲静而风不止，郑玄成为各种政治势力都想笼络的对象。从朝廷到地方的政要们纷纷下帖征召郑玄，聘请他出来做官。公元 185 年，郑玄五十九岁那年，他被举为贤良方正有道。其后各方的征聘纷至沓来。

面对来自各方的征请，郑玄该当如何？显然，想要回到以前那种教学著书的平静生活是不可能了，可是做官，郑玄从小就没有兴趣，加之党锢之祸中，杜密等众多贤人君子横遭杀戮的残酷事实，让郑玄更清楚地认识到政治斗争的风云变幻，官场的尔虞我诈，朝廷的腐朽，郑玄对政治的恐惧无以复加，他曾经说："衰乱之世，贤人君子虽无罪，犹恐惧。"所以本就对做官不热心，再加上对官场的恐惧，面对这些不期而至的各方征聘，郑玄的做法归结一个词，那就是拒绝。不过，面对不同的对象，郑玄拒绝的方式也有别。

## 巧拒何进之召

公元 186 年，郑玄六十岁。这一年郑玄接到了朝廷一位强势人物的邀请。这位强势人物就是何进。

何进的身份很特殊，他同父异母的妹妹被选入宫中，成为贵人，很受汉灵帝宠爱，后来又升为皇后。有了这层关系，加之何进本人也十分能干，在平息黄巾军的战斗中还立有战功，因此他先后被拜为郎中、虎贲中郎将、颍川太守、侍中、将作大匠、河南尹，最后官至大将军。当然因为妹妹是皇后，何进必然就是外戚，外戚在东汉有天然的敌人，那就是宦官。何进后来也是为了帮助皇后妹妹，被宦官所杀。

公元 186 年，何进风头正健。郑玄名满天下，如能把郑玄拉入自己阵营，对于何进来说，那就是非常有面子的事情，因此他告诉下属一定要把郑玄请来。下属接到何进的命令，不敢违抗，最后软硬兼施，胁迫郑玄入京。郑玄不得已只好进京见何进。能把郑玄请来，何进太高兴了。为了表示尊敬郑玄，何进在接待郑玄的方式上煞费苦心。他用了非常高的规格接待郑玄，为郑玄"设几杖"。几，与我们今天的茶几类似，尺寸稍小。杖，即拐杖。这两件东西在我们今人眼里不过是寻常之物，根本谈不上什么高规格。可是在古代，这两样器物，可不是什么人都能用，必须是年长的尊者才有资格享用。《礼记·曲礼》记载，如果有事与长者商量，一定要随身拿着几杖在旁侍候。所以"设几杖"是尊敬长者的表现。

何进"设几杖"高规格接待郑玄，可是郑玄并没有感到受宠若惊，他以"缝掖幅巾"低调见何进。古代官员有特定的服饰，要头戴高冠、身穿朝服。我们常说的成语"冠带交错""河间冠族"，就是指这些人是头上戴有"冠"的贵族。平民百姓没有冠，只用一幅布巾包裹头发。"缝掖"，就是大袖单衣，是儒者所穿，后成为儒者的代称。郑玄见何进，不穿朝服、不戴冠，"缝掖幅巾"而见，也就是头戴布巾，身穿儒服。郑玄是想以此向何进表明，自己就是一个普通读书人，也只想做一个普通读书人，对做官毫无兴趣。郑玄勉强在何休这儿住了一晚，第二天一早，趁人不备，就偷偷逃走了。有人也说，郑玄在何进这里实际也担任过一点职务，对何进提出过一些建议，但是何进并未采纳，所以两年之后，郑玄毅然离开。至于哪种为真？人们似乎更愿意相信郑玄"一宿而去"之说。

### 婉谢袁隗之举

公元 187 年，郑玄六十一岁。回到家乡的郑玄，继续他原来讲学著述的生活。

一件不幸的事情发生了，郑玄的父亲去世了。这位老父亲没有看到儿子加官进爵、荣华富贵，不过看到儿子拥有如此渊博的学问、高洁的品行、崇高的名望，他死而无憾了。

此时，郑玄的德行节操愈为天下人敬佩，学问愈为天下人敬服，当真是名满天下。越来越多的人前来投奔郑玄，拜他为师。据说有数千人甚至不远千里而来。有些人其实本身就已经很有学问，可是还愿意拜在郑玄门下，以能成为郑玄的弟子为荣。有一个叫赵商的人，博学而有才，就从河内温地（今河南省温县西南）来到郑玄家乡，他是郑玄一生最亲密的弟子。公元187年，有一位叫崔琰的人，与他的好友公孙方结伴一起前来向郑玄求学。崔琰，东汉名士，曾先后效力于袁绍、曹操，魏国初建，官拜尚书。崔琰来向郑玄求学时，年已二十九岁，已熟读《论语》《韩诗》。如赵商、崔琰这样的学生，在郑玄门下还有不少。当时，郑玄的弟子遍及全国，足见郑玄私学讲学之盛。

对于朝廷来说，如此有名的人物，不能为朝廷所用，那就是朝廷的失误和损失。公元188年，朝廷派礼车到民间征召郑玄与申屠蟠、荀爽、韩融、陈纪等十四人为博士，郑玄婉言推辞。后来，朝廷又有人举荐郑玄做侍中。这人就是太傅袁隗。说起袁隗，那在东汉也是大有来头的一位人物，他出生于四世三公、名门望族的袁氏家族，是汉末枭雄袁绍、袁术的叔叔，郑玄老师马融的女婿，官至太傅、太尉。所以袁隗举荐郑玄，于公于私，郑玄似乎都应该去赴任，可是郑玄实在不愿意做官，更何况汉灵帝时期官场已经黑暗腐朽透顶，孔子不也说过"邦有道，则仕；邦无道，则隐"吗？怎么办呢？正好这时他还在三年守丧期内，于是他以父丧为由，再次推辞了朝廷的征召。

### 坚辞董卓之请

郑玄还坚决拒绝了那个也曾经"挟天子以令诸侯"、以"残忍不仁"著称的董卓的征聘。

董卓本来领兵驻守在河东，拥兵自重。他怎么也去请郑玄呢？这与汉灵帝的死有关系。公元189年四月，汉灵帝刘宏驾崩了。汉灵帝在中国历史上以荒唐昏庸而臭名远扬。他在位期间，国家长时间实行党禁，权力操控在宦官手里。他不思进取，耽溺享乐，设置专供享乐的西园。为满足享乐，他巧立名目搜刮钱财，公开卖官鬻爵。汉灵帝晚期，黄巾军横扫天下，天下从此陷入动荡不安。史学家认为汉灵帝与他的前任汉桓帝执政时期是汉代最黑暗的时期。

汉灵帝驾崩了，皇子刘辩即位，这就是汉少帝。因为皇帝年幼，所以皇帝的母亲何太后临朝听政。何太后的哥哥何进痛恨那些曾经陷害自己的宦官，也知道天下人都憎恶宦官，于是他与太傅袁隗的侄子、官拜司隶校尉的袁绍合谋诛除宦官。由于担心自己的军事力量不够强大，何进又私召董卓带兵入京，作为军事依靠。可是谋划不密，走漏风声，何进被宦官所杀。董卓闻讯，引兵驰抵洛阳，把自己的兵与何进原来的武装合为一处，实力大增。后来京都的兵权都被董卓掌握了在手中，他干脆废掉少帝，立汉灵帝的小儿子刘协为皇帝，这就是历史上大名鼎鼎的汉献帝。董卓手握重兵，官居太尉，又迁相国，封郿侯，挟天子以令诸侯，开历史上军阀依恃武装力量控制朝政的先例。

董卓专权，一山不容二虎，他把袁绍撵出了洛阳。董卓虽然杀人不眨眼，但是也想拉拢一些天下名士给自己撑撑门面，博一个礼贤下士的好名声，所以听闻郑玄的大名，他备下了一份厚礼，派人前去召请郑玄。郑玄毅然拒绝了。

第二年，公元 190 年，因不满董卓专权，山东州郡起义兵讨伐董卓。董卓准备领兵攻打山东起义兵，结果他手下有个叫郑太的谋士出来劝阻，郑太劝阻董卓出兵的理由是山东有两位天下敬仰的名士：一位是郑玄，另一位是邴原。其中郑玄学综古今，有一大批门生，是天下儒生的偶像。有这两位在，如果去攻打山东，不仅把天下读书人都得罪了，而且这两人如果与那些反对你董卓的人联合起来，那你必败无疑。郑太的这份劝谏，我们不知道他的真实想法是什么，但董卓确实被郑玄以及邴原吓住了，他打消了发兵攻打山东的念头。山东百姓因为郑玄的名望而免去一场杀戮，于郑玄而言，也算是在无意之中造福一方百姓了。

既然不能去攻打山东那些反对者，洛阳在董卓看来就极不安全，因为这里离山东太近。于是他胁迫汉献帝迁都长安。这时，又有不少人推举郑玄，他们推举郑玄做赵王之相。赵国是光武帝刘秀的叔父刘良的封国，领地在今河北邯郸、邢台一带。郑玄以黄巾军作乱，阻断道路，不能前往为由，再一次拒绝了董卓之请。

大将军何进、太傅袁隗以及玩弄皇权于股掌的董卓，他们都不是一般的政要，当时天下其实就操纵在他们手里。他们的征聘，在一般人看来，可能意味着荣耀与辉煌，可是郑玄却想方设法拒绝了他们的征聘。而郑玄以一介书生，竟然敢拒绝暴虐残忍、杀人如麻的董卓的邀请，那得需要多么大的勇气。这些不仅有力地证明了郑玄为了潜心学术研究而矢志不渝，更有力地证明在郑玄身上具有富贵不淫、威武不屈、贫贱不移的大丈夫人格，其高风亮节，值得我们敬佩。

# 二、弃《春秋传》 立郑公乡

公元186年到公元190年，在郑玄不断接到政要征聘的召令，不断想方设法拒绝的同时，还发生了两件事情，值得为大家一说。

## 弃《春秋传》

前面我们说过，围绕《春秋》三传，即《春秋公羊传》《春秋穀梁传》《春秋左氏传》，郑玄与何休展开了一场轰动学术界的论战，胜者是郑玄。郑玄能战胜何休，一是因为他据理而驳、据史而证，有理有据，二是因为他本人对这三部典籍非常熟悉和精通。另外他也写过《春秋左氏分野》《春秋十二公名》《驳何氏春秋汉议》，这些都足以证明郑玄对《春秋》学有着精深造诣。可是令我们奇怪的是，郑玄一生，遍注群经，儒家经典《诗经》《尚书》《论语》《孝经》《周易》及"三礼"，他都作过注，却单单未见他给《春秋》作注。其实他是作过《春秋传》的，只是他中途放弃了。

郑玄放弃作《春秋传》，是为了成全另一个人，这个人就是服虔。服虔官居九江太守，才学过人，善文论，经学的造诣尤其为当世推重，他精通《春秋左氏传》，著有《春秋左氏解谊》三十一卷、《春秋左氏音》一卷。据《世说新语》"文学类"记载，郑玄本来已经动手作《春秋传》，一次外出旅行，途中在客舍巧遇服虔。两人素昧平生，服虔坐在外面的车里与人高谈阔论，谈到了自己作《春秋传》的心得体会，郑玄在旁边默默听了很久，觉得服虔对《春秋》的理解，很多都与自己相近，于是走到车边，对服虔说："很久以来我也想为《春秋》作注，现在还没有完成。听完您刚才所谈，很多想法都与我不谋而合，现在我把自己写的《春秋》注送给您，供您参考。"因为这一缘故，郑玄没有再继续注《春秋》，于是人们可以读到服虔的《春秋注》，当然也就看不到郑玄的《春秋传》了。自古文人相轻，夸耀自己的著作，贬低别人的著述，唯恐别人袭用自己的东西，可是郑玄却能将自己快要完成的著作交给别人，帮助别人完成著述。可见郑玄器度的恢宏与胸襟的宽广了，此等气量与风度，世所罕见。

不过在这件事上，我们可以看到当年马融的影子。据《后汉书》记载，马融也曾经为《春秋左氏传》作注，可是后来读到贾逵与郑众对《左传》的注解，认为二人对《左传》的注解各有其优劣，贾逵的注解"精而不博"，郑众的注解"博而不精"，虽然各有其缺点，但是将两者的优点合在一起，对《左传》的注解就是实现了"既博又精"的学术目标，于是他放弃为《左氏》作注。其实如果马融重新注解《左传》，以他的学术功力，他可以吸收二人的优点，发挥自己之长，完全可以超越郑众、贾逵，完成一部新的《左传》注，而以马融在当时学人士子的威望和影响力，那么马融的新《左传》注一定会通行天下，而贾逵、郑众两人的著作就会因其各自的缺点而被士人学子所弃读，最后湮没无闻。中国历史上这类事情并不鲜见，后出转精者问世，先前那些有各种不足的同类著作就被淘汰。后汉史书就是很好的例子，当时写后汉史的史书非常多，可是它们都哪儿去了？就是因为范晔的《后汉书》写得太精彩，完全超越了它们，于是这些史书就渐渐被遗忘，最后消失。所以，马融实际是以自己的放弃来成全贾逵与郑众。

由此来看，郑玄放弃《春秋》注，也是以自己的放弃来成全服虔。而这一做法，与马融如出一辙。

## 特立郑公乡

孔融是大家都熟悉的一位历史人物，孔融七岁让梨的故事更是家喻户晓。可能大家不知道的是，这位孔融还与我们的主人公郑玄有很深的情谊，甚至可以说是生死之交。

孔融本是孔子的二十世孙，自幼聪明好学，博览群书，为人正直，疾恶如仇，少年时就受到名士李膺的赞许。在朝廷为官时，刚正不阿，不惧宦官。董卓专权，他敢与董卓相争，言辞峻激，毫不留情，让董卓非常恼火，心生怨恨。胁迫献帝迁都长安时，董卓嫌孔融在眼前碍事，密令下属将孔融派到黄巾军势力最大的北海国为相，让孔融去啃这块最难啃的硬骨头。

孔融到了北海，一面与黄巾军作战，一面安顿百姓，恢复生产，修复城邑，同时还尽力兴办学校，表彰儒学，褒奖儒士。郑玄是当世大儒，孔融比郑玄小二十六岁，他非常崇拜郑玄。北海是郑玄的故乡，孔融既然是北海相，他觉得应该为郑玄做些事，既表达对郑玄的崇敬之情，也是为世人树立榜样。孔融在北海刚一上任，就马不停蹄，来到高密县，指示高密县令，为郑玄特别设立一个乡，乡的名字就叫"郑公乡"。

为什么可以为郑玄特地设置一个乡，而且乡就命名为"郑公乡"？孔融解释了他的理由。他说：从前管仲辅佐齐桓公时，曾在国内设置过十个士乡；越国与吴国交战时，越王勾践把他亲信的六千名有志向的君子，编成一个队伍，称作"君子军"。"士乡"与"君子军"都是齐国与越国为优礼尊贤而特别设立的组织机构。郑玄先生是北海高密人，他勤奋好学，高风亮节，天下景仰，这样的贤人我们当然应该优礼对待，所以效法古人，就应当在他的家乡特设一个乡，表达尊贤之意。至于命名为"公"，也有说道。一般认为"公"就是爵位之称，其实"公"也是对有德者的尊称，比如太史公司马迁，汉文帝时的廷尉吴公，汉景帝时的谒者仆射邓公，还有商山四皓，那四位白发老翁，东园公、夏黄公等等，他们并不是"公爵"，不也称公吗？因为世人尊敬他们品行高尚，所以尊称他们为"公"。可见"公"就是具有仁德之人的正当名号。因此为郑玄特设一个乡，并且取名为"郑公乡"，合情合理。

另外，孔融还特别叮嘱要高密县令，重修郑玄老宅，加高郑玄老宅大门，拓宽郑宅门前的道路，标准是能通过高盖大车。给这门取名"通德门"。孔融对此也有理由，他说：过去有个东海于公，是一个县吏，因为能够秉公断狱，乡郡为他立了祠堂纪念，号称"于公祠"。于公家的大门坏了，地方的父老就联络乡人出钱整修。他自己还嘱咐乡人要加高自己家的宅门，认为自己秉公断案，那是积德，后世子孙一定会兴旺发达。孔融认为于公一个小小的狱吏，都要人替他修建豪华的大宅，而郑玄这样贤德博学的大学者，他家的宅第却如此寒酸，门前的道路如此狭窄，所以必须重修，宅门要高，门前的路要宽，要广开门衢。广开门衢，并不单是为了郑玄及其家人，主要是让四方来观礼的人，从这样的门前经过，在这样的路上走过，能够想到郑玄的气节和品行，因为这是通德之门。

立"郑公乡"，建"通德门"，如此种种，可见孔融用心之苦，足证孔融对郑玄崇敬之深。后来人们以"郑公乡"赞誉别人的乡里。"郑公乡"之名历来沿用，直到清末民初才改为"郑公区"，今为双羊镇。

## 三、萍踪漂浮　执着注经

孔融在郑玄高密老家特设"郑公乡"、建"通德门"是在公元 190 年，这一年郑玄其实并不在高密，他还在不其山中，与他的弟子们在一起，讲学著书。

### 挥泪别弟子

翻过年，公元 191 年，郑玄六十五岁。

由于连年战乱，再加上自然灾害，粮食歉收，填饱肚子已然成为人们最急切的问题。对于郑玄而言，更是一个大难题。因为不其山中，不只他一家人，还有很多不远千里而来向他求学的学生，这么多的学生，也是要吃饭的。没有办法，郑玄只得遣散这些弟子。从他四十岁回到故乡，客耕东莱，隐居不其山，二十五年过去了，郑玄已经习惯了与学生相伴的生活，看着这些与自己朝夕相处、相依相伴的学生离去，郑玄的心情可想而知，何况这时他已是六十五岁的老人。郑玄依依不舍、流着眼泪送别众弟子。

终郑玄一生，弟子有近万人之多。可以说，郑玄私学讲学之盛，学生之多，中国历史上没有几人能比。在此，我们将郑玄的一些弟子录列之于下，亦可见郑玄在培养后学方面的成就。

赵商，字子声，河内温（今河南省温县西南）人。他曾给郑玄写过一篇自荐信，其中有几句话写得很精彩，他说：学问对于一个人而言，"犹土地之有山川也，珍宝于是乎出；犹树木之有枝叶也，本根于是乎庇也。"赵商口吃，不善言谈，但是学习用功，郑玄很欣赏他，称赞他博学有秀才。赵商是郑玄最亲密的弟子，郑玄死后，他作《郑先生碑文》。

崔琰，字季珪，清河东武城（今河北省清河县东北）人。这人很了不起。三国名士很多，但后人认为崔琰是三国时最为德高望重的名士。他应该是郑玄弟子文武双全的一位。公元187年，二十九岁的崔琰与公孙方结伴一起到不其山中拜郑玄受学。公元191年，因粮荒，供应困难，郑玄遣散学生，崔琰与王经等泪别郑玄，时年三十三岁。离开郑玄后，崔琰先后被袁绍辟为骑都尉，被曹操辟为别驾从事。曹操为丞相时，他在曹操手下做过中尉。魏国初建，他被拜尚书。崔琰为人正直，有远见卓识。崔琰除了才识过人，还有一个长处，身材魁梧，眉目疏朗，须长四尺，仪表堂堂。成语"捉刀代笔"就与崔琰的相貌有关。据《世说新语》记载：曹操统一北方后，声威大振，北方游牧民族纷纷表示归附，为了表达诚意，匈奴派使者送来了大批奇珍异宝，使者请求面见曹操。曹操觉得自己身材不够高大，相貌平平，不足以"雄远国"，就把身材高大又一表人才的崔琰召来，命他代替自己接见使者。接见时，崔琰正中端坐，曹操扮作侍卫，手握大刀，站在床头。接见完毕，曹操派人询问匈奴使者印象如何。使者说："魏王俊美，丰采高雅，不过床头捉刀的那个人气度威严，非常人可及，真英雄也！"后来，人们便将代替别人做事称为"捉刀"，代别人作文，称作"捉刀代笔"。可惜的是，崔琰为人太过正直，不知明哲保身，总是犯颜直谏，言辞犀利，最后得罪曹操，被曹操赐死。而崔琰被曹操赐死，完全就是一桩冤案。《三国志》的作者陈寿评价崔琰："高格最优。"今人易中天为崔琰打抱不平，他说："崔琰是三国时最为德高望重的名士，正派儒雅，又有远见卓识，仪表堂堂，凛然于朝，曹操也被他的一身正气所慑服。崔琰之死，是当时最大的冤案。崔琰用死证明自己是君子。曹操用崔琰的死，证明自己是奸雄。"

王经，字彦纬，冀州清河（今河北省清阿县东）人，是冀州名士。他也是在公元191年粮荒时与崔琰等人一起离开郑玄的。后来在魏国担任过江夏太守、司隶校尉、尚书等职。为人忠孝正直，司马氏专权时，他极力维护曹魏集团，受曹髦牵连，被司马昭诛杀。后来司马昭说：王经虽然正直，但不忠于我，所以杀了他。在郑玄的学生中，王经与崔琰齐名。

国渊，字子尼，乐安盖（今山东省沂源县东南）人。他拜郑玄为师时，还是一名小童。郑玄初见国渊，觉得这小孩长大一定会大有作为，称赞说：国子尼，天下美才，"吾观其人，必为国器"。国渊不负郑玄的信任和器重，勤奋好学，学有所成。后来避乱辽东，讲学于山野。因为学识过人，受到士人推崇，声名鹊起。返乡后，曹操辟为司空掾属，朝堂议事，常直言正色，秉正无私，很得曹操信任。曹操命他主管屯田事。曹操征关中，让国渊做居府长史，"统留事"。后迁魏郡太守，又迁太仆。

任嘏，字昭先，乐安博昌（今山东省博兴县东南）人。虽八岁丧母，但胸怀大志，勤学不辍，无书不读，时人赞之为"神童"。他也是幼童时即跟随郑玄学习，郑玄见后，称赞他"有道德"。后也在曹操处任职。曹操举荐他为临菑侯庶子、相国东曹属、尚书郎。魏文帝时，做过黄门侍郎，累迁东郡、赵郡、河东太守。为人敦厚仁德，谦恭有礼。著书三十八篇，共四万余言。

张逸，北海高密（今山东省高密市）人，郑玄同乡。此人也是相当了得，十三岁时，就做了县上小吏。郑玄一见他，就非常喜欢，对他说："你资质不错，将来能够辅政治民，但是玉虽美，还需雕琢，才能成器，所以现在要好好读书，为将来的发展打好基础。"因为非常喜欢张逸，郑玄还将妻妹许配给了张逸，于是郑玄就和自己的学生成了连襟。后来张逸做过常山相椽。不幸的是，他也死于非命。他的死与幽州牧刘虞有关。刘虞是光武帝后裔，为政宽怀仁厚，善待百姓，深得民心，在当时声望很高，袁绍曾想立他为新皇帝，刘虞坚决不肯，后来皮日休慨叹道："刘虞不敢作天子，曹瞒篡乱从此始。"刘虞主张以怀柔政策对待北方游牧民族，与公孙瓒意见不合，两人兵戎相见，刘虞兵败，被公孙瓒所杀。听到刘虞被杀的消息，张逸与常山相等人痛骂公孙瓒，被公孙瓒杀害。

刘琰，字威硕，鲁国（今山东省曲阜市）人。刘备在豫州时，辟为从事。因为与刘备是同姓，又风流善谈，深得刘备喜爱，常是刘备的座上客。刘备后来让他做固陵太守，刘后主时又封他为都乡侯，为卫尉中军师后将军，迁车骑将军。可惜后来也死于非命，弃市。

刘熙，字成国，北海（今山东省潍坊市西南）人，是郑玄的同乡。曾为博士，做过太守。他在中国历史上著有一本非常有名的著作：《释名》。这本书的特点是用音同、音近的字解释事物命名的原因和根源，也就是从声音推求词语意义之源，是我国第一部集中、系统地探索语源的专著，也是世界上最早的语源学著作。刘熙《释名》通过对字音与字义的研究，告诉人们一个重要的事实，字音也有义。在解释和推求字义中，刘熙主要用的是声训方法。而声训之法，就学自他的老师郑玄，因为郑玄在注释典籍时，声训就是他解释字义、词义时常用的一个方法。刘熙比老师郑玄更进一步的是，他将这一方法用到了极致，并且以此方法对当时中国语言的词汇进行整体研究，写出了以声训的方法推求词语之源的专著。

韩益，生卒不详。建安七子之一的王粲撰写《尚书问》，质疑郑玄对《尚书》的注释，韩益与他另一个同学田琼不满王粲的批评，二人共同作了《尚书释问》，指出王粲的错误，回答了王粲的质疑，匡正了王粲的错误，维护了老师郑玄的地位。

程秉，字德枢，汝南南顿（今河南省项城县西南）人。完成学业，离开郑玄后，为躲避战乱，来到交州，与同学刘熙切磋学问，博通五经，为天下名儒。吴主孙权以重礼征聘，任命他作太子太傅。病卒于任上。著有《周易摘》《尚书驳》《论语弼》等著作。

孙乾，字公祐，北海（今山东省潍坊市西南）人，也是郑玄的同乡。孙乾是我们比较熟悉的一个人，在小说《三国演义》中就有他，是刘备身边一个重要大臣。与其他同学不同的是，其他同学大半是名闻于外，引得曹操、袁绍等人发帖来请，孙乾却是经老师郑玄的推荐，来到刘备身边的。郑玄推荐他，也是认为他有才干，可为大用。孙乾果然忠心，他尽力辅佐刘备，多次奉命为刘备出使和结交刘表、袁绍，圆满完成任务。官至秉忠将军。

郗虑，字鸿豫，山阳高平（今山东省微山县西北）人。他是在幼童时受学于郑玄的。既博通经学，又精通兵书《司马法》，先任光禄卿，后迁御史大夫。我们不知道郑玄如何评价郗虑。郑玄的学生中，他是一个品行有污点的人。据《后汉书》记载：郗虑在曹操手下为官时，望风承旨，见风使舵，孔融与伏皇后的死多少都与他有关。

宋均，曾为魏博士。据史料记载，他曾在《诗纬序》中说："我先师北海郑司农。"由此可知宋均为郑玄弟子。宋均曾遍注纬书，在纬书注释方面成就显著。我们知道，郑玄最早注释的典籍就是纬书，说明宋均在纬书上深得郑玄的真传。

除了以上弟子外，还有一些可知其名而生平事迹不详的弟子，他们是田琼、冷刚、孙皓（一作颢）、炅模、王瓒（一作赞）、王权、崇精、崇翱、焦乔、陈铄、陈铿、桓翱、氾阁、鲍遗、任厥、公孙方等。

从上可见，郑玄弟子来自各地，资质各异，师事郑玄时，有的是懵懂幼童，有的是已谙世事的成年人，有的甚至是声名在外的名士。学成之后，有的人在社会上还有不凡建树，成为名闻天下的学者与官员。我们看到，郑玄弟子中的那些为官者，不乏经世济民之才者，并不都是只会舞文弄墨的文人。这些弟子的经历也说明一个事实：郑玄虽不愿意做官，不喜欢官场，但这并不代表他漠视世事，不关心国计民生。对于国家治理，郑玄也有自己的想法，所以他培养学生，并不要求他们也如自己一般隐居世外，更不反对学生做官和出入官场，在日常教学中，也就将自己的治国理念传授给了学生。也可以说，郑玄其实是把自己的治国抱负寄托在了学生身上。郑玄大部分学生也都不负老师的重望，他们在社会上出色的表现令天下人刮目相看，崔琰成为整个三国时代最德高望重的一位名士，其中难道没有郑玄的教育之功吗？郑玄本人认为"学"就是修德和学道。修德，即培育道德品行；学道，即学习知识和技能。他应该也是按照这一原则培养学生，所以他的学生才会如此出众。在教育成就上，郑玄虽不能与孔子媲美，但毫无疑问，他是一位成功的教育家。

## 石室注《孝经》

弟子们走了，郑玄也离开了不其山。辗转来到了今天山东淄博的黉山。这是他临时栖身之所。虽然只是在这里暂住，郑玄却一刻也没有休息，依然手不释卷，读书注经。在这里，他完成了另外两部著作《毛诗传笺》和《尚书注》。至今在这里还有郑康成书院、晒书台和郑康成祠等遗迹。

公元 191 年，山东的黄巾农民军攻打青州，黉山离青州非常近，黉山自然也住不成了。为躲避战乱，郑玄选择南下，来到徐州。在徐州，郑玄碰到了三国时期另一个重量级人物陶谦。陶谦是当时的徐州刺史，陶谦给予了郑玄高规格而热情的接待，待郑玄如师友。

虽然陶谦很热情，但显然郑玄并不适应徐州城内热闹繁华的生活，于是他来到徐州附近的南城山（今属平邑县魏庄乡）隐居。南城山，地势险要，溪水环绕，风景秀丽。这里远离尘世纷扰，远离战乱，是一个可以让人静心宁神的好所在，当然更是安心读书的好地方。在南城山中一狭小的石室内，郑玄又完成了另一部著作《孝经注》。

《孝经》在十三经中是小经，因为它的字数很少，今天看到的《孝经》不足两千字。与其他经典相比，《孝经》的文字简明，浅显易懂，只要稍通文墨，都可以明白其中大义，以我们今天的立场来看，其实根本不用为《孝经》作注。那么郑玄为什么要在南城山注《孝经》呢？难道是郑玄已经为"三礼"及《毛诗》《尚书》《论语》等儒家经典作过注，无经可注，闲来无聊，所以对一个无须作注的《孝经》进行注释，借此来消磨时间吗？显然不是。郑玄注《孝经》有两个重要原因。

一是因为南城山的特殊性。也许是天意巧合，郑玄此时客居的南城，是孔子著名弟子曾参与澹台明灭的故乡，而曾参在孔子弟子中以孝道著称，据说《孝经》就是孔子专门为曾子所讲。郑玄住在南城山的这一年，刚为父亲守完三年之丧。住在孝子曾参的故乡，睹物思人，想到了曾子对父亲的孝顺，念及自己的父亲，郑玄心有所感，因而注《孝经》，以表达对父亲的思念。

郑玄注《孝经》的另一个重要原因，就是郑玄对现实政治的关怀。生逢乱世，郑玄从高密到东莱的不其山，又从不其山辗转到黄山，再到徐州南城山，颠沛流离，目睹和亲身经历了国家分裂、战乱不息给个人和家庭带来的痛苦和灾难。郑玄坚持儒家大一统思想，积极维护封建中央集权，反对地方割据，当然更反对以下犯上。而《孝经》虽然也讲家庭父子之孝，但主要讲的是移孝作忠、孝治天下，《孝经》对天子、诸侯、卿大夫、士、百姓等各个阶层的人都提出了应该恪守的孝治规范——天子之孝就是保天下，诸侯之孝就是保社稷，卿大夫之孝就是保宗庙，士之孝就是保禄位，庶民之孝就是奉养家庭，所以《孝经》从本质上来讲，是立足于孝道而治天下。因此郑玄注《孝经》，既是有感而发，也是有为而作，他所针对的就是东汉末期诸侯割据、黄巾农民军起义。在注《孝经》时，郑玄极力宣扬忠君思想，极力提倡孝道，把孝道视为人们行为的根本。他认为"移事父孝以事于君，则忠矣"，也就是说君父同理，孝父是人的天性，只要将孝父之情推至君主，自然就能尽忠于君主。虽然教育很重要，但只要恪守孝道，教育就"不必门到户至，日见日语之"，因为一个人若能行孝于内，自然会"流于外"。因此他在注《孝经》第一章《开宗明义章》时说："人之行，莫大于孝，故为德本。"从维护国家安定、国家统治的根本出发，郑玄还主张统治者"顺民"和"任贤"，要"慎行礼法"，减轻赋税，减少徭役等。这些都表明，郑玄在南城山石室如此艰苦的环境中，却对言辞简明易懂的《孝经》作注，就是要将他对救治乱世的主张表达出来。郑玄对当时社会乱象也是忧心如焚，他希望能够早日结束这种混乱的局面，让国家回归大一统。

## 洒泪叹蔡邕

公元 192 年，郑玄六十六岁。这一年发生了一件大事，东汉时期著名的文学家、书法家蔡邕死在狱中。说起蔡邕的死，实在令人唏嘘。蔡邕的死与董卓有关。

董卓专权，专横跋扈，残暴荒淫，但他对蔡邕却很敬重。虽然蔡邕是被他强召而来，不过他确实佩服蔡邕的才华，所以一口气给了蔡邕一连串的官职。在董卓手下，蔡邕先后担任过祭酒、侍御史、治书御史、尚书、侍中，还出任巴郡太守，拜左中郎将，献帝迁都长安时，蔡邕被封为高阳乡侯。因此董卓对蔡邕是有知遇提拔之恩的。然而官场风云变幻实难预料，不可一世的董卓被司徒王允设计诛杀了。蔡邕听说后，毕竟董卓对自己有提拔之恩，所以情不自禁为之叹息。蔡邕的一声叹息不打紧，问题是他发出这声叹息的地点错了，就在王允的宴会上。王允听到后，大怒，斥责蔡邕同情董卓，是董卓的党羽，是逆贼，于是将蔡邕下狱。蔡邕上书请罪，请求受刻额染墨、截断双脚的刑罚，只满足他一个心愿：让他能够写完"汉史"。很多士大夫同情蔡邕，想方设法营救他，可是王允概不答应。不久，蔡邕就死在了狱中，时年六十岁。蔡邕死后，士人、儒生无不为他惋惜落泪。蔡邕不只是文章、书法天下独步，而且还精通天文、术数、音乐，更重要的是他带领一批人在当时国家图书档案馆——东观，把散乱无序的图书进行了整理，还主持了中国第一部石经"熹平石经"，为天下读书人读经学习提供了方便。他对汉代历史、汉代掌故也非常熟悉，所以蔡邕不仅仅是一个官员，他还是对文化传承有重要贡献的学者。因此他的死，就不只是一个官员在政治倾轧中的生命消失，实际是文化界的大损失。

当郑玄听到蔡邕的死讯时，十分难过，感叹说："汉世之事，谁与正之！"深深感叹一代巨星的殒落，对朝廷不懂得爱惜读书人的愚昧行为更加失望和不满。而蔡邕的死更让郑玄看透了官场的黑暗与腐朽，更坚定了他远离官场、全身远祸的决心。

## 论道于刘备

公元194年，郑玄六十八岁。那位待郑玄如师友的陶谦死了，接替陶谦的是刘备。没错，就是后来诸葛亮辅佐的妇孺皆知的刘玄德。

刘备来到徐州，担任徐州牧。我们知道，刘备的特长就是礼贤下士，此时在徐州的文化名人，他当然得善待。所以他主动前去拜访郑玄，与郑玄携手同游南城山。

显然郑玄很明白刘备不是一个普通的地方官，刘备有大志，其志不在山野而在天下，所以在与刘备同游的这段时间，郑玄做了两件事：一件事是把自己的一个得意弟子孙乾推荐给了刘备，后来很受刘备重用，成为他的得力干将。另一件事是郑玄经常与刘备谈论治国之道，这让刘备获益匪浅，受用不尽。而郑玄的治国之道对刘备后来治理蜀国也有指导作用，所以他后来经常对诸葛亮等人说：他在徐州时曾经"周旋"在郑玄与陈元方之间。郑玄每次见到他，都要和他谈论治乱之道。而让刘备印象最深的是，郑玄关于律法的主张。郑玄重视用礼法治国，在中国古代的法律实践中，有时候会有法外施恩、赦免犯人的事情，比如天子大婚，为了讨个喜庆，大赦天下等等，但郑玄不主张实行赦法，认为只要犯了罪，犯人就必须承担他犯罪的后果，受到相应的惩戒，只有这样，才能杜绝犯罪，否则就会心存侥幸，屡犯不止，因此他对刘备从来都不谈赦免罪犯的问题。郑玄的这一思想，刘备铭记在心，后来还告诉了军师诸葛亮。诸葛亮治蜀十年，刑罚严明，从不法外施恩，赦免有罪之人，哪怕是他喜爱和寄予厚望的马谡，最后也只能挥泪斩杀。正因为如此，在诸葛亮的治理下，蜀人畏刑守法，蜀国大治。诸葛亮之所以如此治蜀，他明白告诉世人，就是受郑玄的影响，"不赦"才能"天下化"。

# 第4章

## 七十归老　客死元城

公元 196 年，郑玄七十岁，年已古稀。郑玄二十岁离开高密外出求学，四十岁返回高密，又再次离开，客耕东莱，隐居不其山，后又辗转黉山、徐州等地，他在外已漂泊多年了。叶落归根，孔子周游列国十几年，最终也在六十八岁那年回到鲁国，郑玄也该回自己的故乡了。

## 一、七十归老　益恩殉难

### 返归高密

公元前 484 年，在外颠沛流离十四年的孔子回到了鲁国，他是在学生冉有的努力下，被季康子迎回鲁国的，回到鲁国，还被季康子尊为国老，所以孔子回国还是比较风光的。历史有时候真的很有意思，几百年后，孔子的后人孔融派人接郑玄回故乡。

因为董卓不喜欢孔融的率直，害怕孔融给他出难题，所以派人把孔融打发到经常与黄巾军作战的北海做相。郑玄的故乡高密就在北海。孔融对郑玄有天然的亲近感，来到北海，就马不停蹄来到高密县，指示高密县令设立郑公乡，整修郑玄老宅，加高郑家大门，拓宽郑家门前道路，在郑玄家庭院里栽花种草。孔融做这些，就是为了迎接郑玄回乡。

在孔融觉得黄巾军之乱已稍有平息的时候，他就多次派人到徐州接郑玄回故乡，言辞诚恳。孔融的热诚打动了郑玄，加上已是古稀之年，郑玄也不想再在外漂泊了。所以在公元196年，郑玄就从徐州启程，返归高密。在回归高密的路中，意外出现了。猛然间尘土飞扬，天昏地暗，黑压压杀出好几万人马。原来是黄巾军的一支队伍。郑玄正自惊魂未定，突然又见这几万人马齐刷刷倒地向他磕头行礼，并且约定，以后谁也不许到高密县境内骚扰。郑玄的名望真是太大了，不光读书人崇拜他，朝廷政要们器重他，连没有多少文化的农民军也尊敬他，他就是那个时代的精神偶像。对于久经战乱的高密百姓来说，高密县因为有郑玄而从此可以远离战火，不再受黄巾农民军的骚扰，真是不幸中的万幸。

郑玄终于返归高密，孔融欣喜万分，他特意叮嘱下属："过去周朝人尊师，所以以尚父相称。现在我们也要尊敬郑老师，不能直呼郑玄的名字，要称郑君。"郑玄回乡，虽不是衣锦返乡，但也算是荣归故里。他以他的学识、人品、气度受到了全县人民的敬仰。

## 习《乾象历》

年逾七十，回到故乡。因为有孔融的帮衬，加上儿子益恩又在孔融手下做事，所以郑玄不用为家中的生活发愁。此时的郑玄，一代儒宗，著作等身，桃李遍天下，完全可以颐养天年，安享晚年。

可是郑玄就是与众不同，他听说有个叫刘洪的人，精通算术、历法，编定了一部新的历法《乾象历》，据说这部历法比先前的历法都要精确。喜欢钻研学问的人，都有对学术的敏感和痴迷，这么好的书，没有读过，这让好学的郑玄心有不甘，于是他不顾年老眼花，开始钻研《乾象历》。《乾象历》是一部天文历法著作，涉及天象、算术运算等，如果没有这两方面的知识，要想看懂，想都别想。可是郑玄是何许人，他在洛阳太学，就学过当时最权威的历法著作《三统历》和当时数学最高端的课程《九章算术》，而且成绩很好，造诣很深，所以一般人要读《乾象历》，那就真是在读天书，一窍不通，而郑玄读《乾象历》，那就是遇着知音了。郑玄觉得《乾象历》真是一部好历法，"穷幽极微"，精准地把日月运行、季节更替的日期和节律揭示出来。可是大家都看不懂啊，郑玄按捺不住注书的热情，开始为《乾象历》作注。

郑玄真是活到老、学到老、注经到老，而且学得好，注得精，旷古未有，世有罕见。

## 作戒子书

然而毕竟是年老了，他又不肯休息调养，不久，郑玄就病倒了，病得很重。郑玄觉得自己可能走到了人生的终点，于是他开始安排后事，他给自己唯一的儿子益恩写了一封书信。这封书信，史家称之为《戒子益恩书》，我们可以在范晔的《后汉书·郑玄传》看到完整的《戒子益恩书》。

这封戒子书并不长，但是内容丰富，主要内容有五点：一、郑玄七十年的人生经历；二、郑玄的人生志向；三、郑玄对家人的情感；四、郑玄的人生遗憾；五、郑玄对儿子益恩的告诫。

对于自己的人生经历，郑玄认为这些经历值得回味：起初的小吏生涯，后来的求学天下，四十归养双亲，十四年党锢，党锢之后数拒征聘，为避战乱而萍浮南北，七十返乡，等等。对于自己的人生志向，郑玄说"述先圣之元意，思整百家之不齐"，也就是读书治学，一统百家纷争。对于家人，郑玄觉得非常愧疚，他亏欠父母兄弟太多。因为他们的家庭本是清贫之家，他原本有一份小吏的工作，这份工作的薪水对于他们清贫的一家人来说，是一笔不菲的收入，可是为了求学，郑玄放弃了这份工作，父母兄弟虽然很艰难，但最终还是接受和成全了郑玄的选择，而郑玄在外游学二十多年，他对这个家没有任何付出，父母兄弟也大度地包容和接纳了他。郑玄对父母兄弟心存感激之情。日薄西山，人生即将谢幕，郑玄觉得自己还有两大遗憾难以释怀：一是还有很多典籍尚未整理，二是双亲的坟垄尚未修成。对于儿子益恩，他为益恩没有兄弟姐妹而难过，他告诉益恩"显誉成于僚友，德行立于己志"，所以要学君子之道，敬慎处世，结交良友，不追求奢华的物质享受，"菲饮食，薄衣服"，俭约素朴，方是人生正道。最后他将家事托付益恩。

郑玄这封书信写得情真意切，但又发乎情，止乎礼，所以清代著名文学家刘熙载在《艺概》中称赞道："郑康成《戒子益恩书》，雍雍穆穆，隐然涵《诗》《礼》之气。"

## 益恩殉难

郑玄返乡这一年，对于郑玄来说，实在是多事之秋。先是自己病重，接着唯一的儿子益恩却遇难身亡了。

事情的起因是，这一年袁绍的长子袁谭率领收编的黄巾军攻打孔融，战斗打得很惨烈，从春到夏，双方陷入僵持、胶着状态，最后孔融的部队打得只剩下了几百人，箭矢如雨飞进城内，城被攻破，孔融逃到东山，他的妻儿被袁谭俘虏。当郑玄听说孔融被袁谭围攻，情势危急，他立即让益恩从家乡带领一小队人马前去解救孔融。不料，益恩身陷敌阵，寡不敌众，被杀殉难。死时年仅二十七岁。

在那么危急的情况下，让益恩去救孔融，此去的危险，郑玄不是不知道。可是滴水之恩当涌泉相报，孔融对郑玄是有恩的，他为郑玄立郑公乡，整修郑家老宅，派人迎回郑玄，礼尊郑玄，而且还举益恩为孝廉。这些让郑玄铭记在心，感恩戴德，因此当孔融面临危难，郑玄觉得不能不管。益恩是郑玄唯一的儿子，这时候益恩的孩子还没有出生，益恩如果出事，郑玄的血脉有可能就彻底断了，然而为了道义，为了报答孔融，郑玄毅然决然让益恩前去赴险。其实他完全可以不让益恩去救孔融，没有人会责怪他，但是郑玄自己的良心难安，所以益恩与其说死于敌军，不如说是死于郑玄的义气。由此可见，郑玄不仅是学识渊博的学者，而且是极重道义的义士。

## 孙子小同

益恩走了，对于古稀老人郑玄来说，无疑是晴天霹雳从天而降。他能经受得住这一打击吗？

令人欣慰的是，益恩殉难的这一年，益恩的遗腹子出生了。因为生在丁卯日，郑玄自己出生在丁卯年，而且这孩子的手纹与郑玄手纹相似，所以郑玄给他取名"小同"。从郑玄给小孙子起名来看，小同的出生，多少给了郑玄一些安慰。

也许是祖父的遗传，也或许是祖父的熏陶，小同长大后，在学问上也有造诣，学综六经，行著乡里，受到乡里称赞。后来他官至侍中，封爵关内侯。

可惜小同的结局也是悲剧，据说小同是被司马昭所杀。小同去见司马昭，司马昭恰好如厕，他写的一份密疏展开摆在文案上，没有任何遮盖。司马昭如厕回来，问小同看到密疏没有，小同回答说：没有看到。司马昭为人十分多疑，他认为小同在撒谎，最后用毒酒害死小同。杀害小同时，司马昭说了一句名言："宁我负卿，无卿负我。"十足一副强盗嘴脸。小同的死，完全是一场无妄之灾。

郑玄一生远离官场，虽身处乱世，却无大难；而孙子小同，在这一点显然不及祖父有造化，最终死于官场的凶险。

小同的墓在郑玄墓西南，相距约二十步。祖孙可以在地下长相依伴。

## 二、舌战袁绍客　冷面驳应劭

公元 197 年，郑玄七十一岁，迎来他人生舞台上最后的华丽表演。

### 舌战群儒

董卓专权，把袁绍撵出了洛阳。然而袁绍可不是一般人，他家四世三公，当世豪族，实力雄厚，他本人也极有谋略，在汉末群雄逐鹿之时，也是一方之雄杰。公元 197 年，他在冀州统领兵权。为了壮大自己的声威，延揽天下英雄和名士，他派人去请郑玄。软硬兼施，郑玄被逼无奈，只得勉强到袁绍大营。

一次，袁绍举办盛大宴会，宴请各方名流。宴会那天，高朋满座，客人都已入席，郑玄姗姗来迟。虽然如此，一见郑玄，袁绍还是立即恭请郑玄入上座。满座客人见到大名鼎鼎的郑玄，虽然已是古稀老人，但身高八尺，秀眉明目，温文儒雅，心中不禁暗暗称奇。宴会上大家相互敬酒，郑玄的酒量也让在座的客人称奇，饮酒一大斛，郑玄还没有丝毫醉意。他们不知道，郑玄本是好酒量，能饮酒三百杯而不醉。

见识了郑玄的风采和酒量，郑玄的学识到底如何，客人们心里多半心存怀疑。袁绍请来的客人，都不是等闲之辈，不少也是自负学有专长、且声名于外的大才，郑玄对他们来说早已如雷贯耳，但并未见到郑玄本人，因此既然见面了，当然要比试考较考较。这些客人纷纷提出各种奇异而刁钻的问题，七嘴八舌，想要难倒郑玄。没想到，郑玄侃侃而谈，娓娓作答，条分缕析，而且还有更深入的解释和拓展，有许多都是这些客人从未听到过的深奥知识。一场辩论下来，满座客人无不对郑玄赞赏有加，佩服得五体投地。

## 冷面驳应劭

在座的客人中有一位汝南人应劭，在当时也是以博学著称，一生写了不少著作，他有一部很有名的著作《风俗通义》，至今都是我们了解汉代民风民俗的重要依据。他本来是泰山的太守，因在平定黄巾军的战争中建有奇功，所以此时在袁绍军中做军谋校尉。

应劭在席中亲眼见到了郑玄的风采，觉得郑玄的学问果然名不虚传，心想以自己的名望拜郑玄为师，郑玄一定不会拒绝吧。可是应劭太不谦虚了，他走到郑玄身边，不无得意地对郑玄说："故泰山太守应中远，想拜您为师，不知有没有资格？"应劭以为自己报出泰山太守的官衔，郑玄一定会对他另眼相看，然而郑玄的回答让他非常意外。郑玄说："仲尼之门，考以四科；回赐之徒，不称官阀。"这里面的"回"，指颜回，"赐"指子贡。郑玄的意思是：孔子最注重的是德行、言语、政事、文学四方面的修养，所以孔子收弟子的时候，只考这四科，像颜回、子贡这些名弟子，也都是在这四个方面有突出表现而受到孔子称赞，孔子从来没有因为弟子有多高的官职而称赞他们。言下之意，我收弟子，也如孔子，只看德行与才能，不看官职，自己也不想去交结攀附达官贵人。郑玄这几句话，让骄傲的应劭满面羞惭，只好悄悄退下。

古稀老人郑玄卓越的学识与不世风采，让袁绍深深折服，于是他上书朝廷，举郑玄为茂才，表举为"左中郎将"，郑玄婉言谢绝。

## 三、夜梦孔圣　病逝元城

### 辞大司农

郑玄的名望学识天下闻名，这样的人才，朝廷当然要网罗于彀中。公元 198 年，郑玄七十二岁。这一年，曹操向汉献帝建议，征召郑玄为大司农，同时为表示对郑玄的敬重，要高规格迎接郑玄，用安车迎接。汉献帝听从了曹操的意见，派人去请郑玄。

朝廷来召，郑玄虽不愿为官，但是也不能断然拒绝，因此只得启程前往。因为受到朝廷重视，郑玄的车子所过之处，地方长官们当然不能马虎，都亲自出来迎接送行，场面相当壮观。郑玄到了许都，大司农的位置还没有坐热，就上书朝廷，以自己有病在身为由，请求皇上准许他回乡。皇帝无奈，只得让这老人返乡。

大司农是中二千石的高官，为朝廷九卿之一。纵观郑玄一生，视官场为畏途，他从未主动谋取过任何官职，可是因为声名远播，朝廷地方争相征聘，于是一些官职，如左中郎、博士、赵相、侍中、大司农等，从天而降，降落到他身上。由于大司农是郑玄一生最高的官职，所以尽管郑玄并没有实际履行过大司农的职责，但是后世建立郑玄祠墓碑文，还是为他署上了这一官名，称呼郑玄时也多称为大司农。

### 夜梦孔圣

汉献帝建安五年，公元 200 年，郑玄七十四岁。

中国有句古语："七十三，八十四，阎王不请自己去。"七十三、八十四这两个年龄对于老人而言，是一个危险的生命之坎，郑玄已过七十三，他安全了吗？

这年春天的一个夜晚，郑玄梦到孔子对他说："起！起！今年岁在辰，来年岁在巳。"郑玄大惊，醒来后，与谶录图纬对照，认为"辰为龙，巳为蛇，岁至龙蛇，贤君者嗟"，他知道自己的寿命该终了。

为什么梦到孔子，郑玄就认为自己命该当绝？这虽然有迷信色彩，但透露了郑玄的内心世界。在郑玄内心，深藏着浓重的圣人情结，孔子是他的精神偶像，他的一生都在努力追随孔子。太史公司马迁有一段话可以帮助我们更好地理解郑玄的内心世界。司马迁说："先人有言：'自周公卒五百岁而有孔子。孔子卒后至于今五百岁，有能绍明世，正《易传》，继《春秋》，本《诗》《书》《礼》《乐》之际？'意在斯乎！意在斯乎！小子何敢让焉。"太史公司马迁的意思是："先人说过：'自周公死后五百年而有孔子。孔子死后到现在五百年，有能继承清明之世，辨正《易传》，接续《春秋》，遵奉《诗》《书》《礼》《乐》精义的人吗？'他的用意就在于此，在于此吧！我又怎敢推辞呢？"孔子向往周代文化，以文化传承者自居，他述而不作，整理六经，使古代历史文化传承不绝。司马迁身受宫刑，隐忍苟活，写作《史记》，是为了效法孔子，"厥协六经异传，整齐百家杂语"。同样，郑玄甘受清贫，百折不挠，执着注经，其实也是"念述先圣之元意，思整百家之不齐"。郑玄与司马迁有相同的圣人情结，司马迁写史，郑玄注经，他们以各自不同的方式传承历史文化，而孔子是他们共同的精神支柱。正因为郑玄如此，所以当他梦中听到孔子语，理所当然认为这是孔子对他的召唤。

不久，郑玄果真病倒，而且病得很重。

## 病中注《周易》

　　然而病中的郑玄却无法安心静养，而这一切又是名望太高惹的祸。

　　郑玄病倒之时，也是历史上赫赫有名的官渡之战发生之时。交战双方就是大家熟悉的曹操与袁绍。为了壮大声威，双方都在极力延揽人才。袁绍再一次想到了郑玄，他命令儿子袁谭派人无论如何都要把郑玄请到军中。使者来时，不容郑玄任何推辞，强令郑玄必须随军前往。无奈，郑玄只得抱病随行。病重之身，加上旅途劳累，勉强走到元城，郑玄的病情愈加沉重，无法赶路，只得留在元城养病。

　　此时，郑玄明白自己的时日不多了，可是他心里还有一件事情放不下，那就是《周易》的注解还没有完成。于是他强打精神，在病榻上注解《周易》。完成了《周易》的注释，随后他将自己一生的事业学行记述下来，这就是有名的《康成自叙》。

　　《易经》在儒学典籍中，可算是一部最重要的经典。历史上不同阶段的儒家对儒家经典有不同的归类与划分，于是有"五经""六经""九经""十二经"，乃至"十三经""二十一经"之说，无论哪一种归类，《易经》都是必选项，《易经》都必然在其中。后来《易经》被推为群经之首，人们对它推崇备至。不过，《易经》的原始形态，并不如儒家标榜和解释的那样高大上，它本是古代卜筮之书，它因卜筮而产生，也用于卜筮。因为来源于卜筮，是古人沟通神灵而对人世吉凶祸福作出的神秘预言，神学迷信色彩非常浓，《周易》的语言也因此简约而晦涩，模棱两可，很难读懂。而解释《周易》的学者又见仁见智，各执一辞，于是一部《周易》显得更加扑朔迷离。如要读懂《周易》，必须有丰富的人生经验与对社会人事的领悟。

郑玄对于易学，其实并不陌生，他在太学的第一位老师第五元先为他讲过当时最盛行的今文《京氏易》，他苦苦等了三年的古文经学大师马融为他讲过古文《费氏易》，所以从学习经历而言，郑玄很早就熟读《周易》。但是郑玄选择在自己人生最后时刻，完成《周易》的注释，应该是他通过一生经验和阅历真正领悟了《周易》的大义。在注释《周易》时，郑玄除了吸收众位老师的观点，也有自己的创新，比如他的阴阳说、爻辰说等。而他注释《易经》非常明显的特点就是把自己对人生人事的理解和主张倾注其中。将郑玄的《周易注》与《周礼注》比较，二者有明显不同，《周礼注》，郑玄关注的是国家制度、治国之道，而《周易注》，郑玄更注重人事与人伦。

在郑玄《周易注》中，凡是用"犹"字引起下文的，大多是归论人事的解释。《易经》中有一卦叫"恒卦"。恒卦由巽卦与震卦构成，巽下震上。巽为风，震为雷。郑玄对此卦的解释是："恒，久也。巽为风，震为雷。雷风相须而养物，犹长女承长男，夫妇同心而成家，久长之道也。"郑玄指出自然界风雷等各种自然物相辅相成才能化育万物，家庭其实也不例外，夫妇只有同心同德，家庭才能长久。《易经》有一卦叫"明夷"卦，明夷卦由坤卦与离卦构成，离下坤上。即坤卦在上，离卦在下。我们知道，坤卦象征大地，离卦象征火。所以明夷卦从其卦象来看，就是火在地下。火代表光明，火在地下，就是光明陷于大地之下。郑玄对明夷卦的解释是："夷，伤也。日出地上，其明乃光，至其入地，明则伤矣，故谓之明夷。"什么意思？郑玄认为从这一卦的卦象来看，夷，就是受伤害的意思。什么受伤了呢？"光明"受伤了。日出地上，光明才能展现出来；而明夷卦的卦象却是日入地下，光明被遮盖，光明受到伤害。他借卦象进一步发挥说："日之明伤，犹圣人君子有明德而遭乱世，抑在下位，则宜自艰，无干事政，以避小人之害也。"意思是说，太阳的光明受到伤害，就如同圣人君子虽有明德，但是因为遭逢乱世，所以受到打压，处境艰难、抑郁不得志，那么圣人君子应以什么态度应对乱世，郑玄认为应该远离政治是非之地，避免被小人伤害，从而全身远祸。我们看到，郑玄的这一注解，非常明显是以他个人的经历在注解，他自己在东汉乱世的处世方法和态度就是全身远祸。

所以郑玄在生命最后时刻所作的《周易》注解是他一生经验与学养的呈现，非常珍贵难得。

## 客死元城

郑玄在病危之时，依然坚持注释经典，这种勤奋执着的精神令人敬佩。然而郑玄实在太累了，这年六月，客居元城的郑玄耗尽最后一丝力气，撒手人寰。一代巨星殒落了，终年七十四岁。

郑玄病重之时，曾经嘱咐他的学生葬礼要节俭。弟子谨遵师命，葬礼从简。然而出殡那天，郑玄门下受业的弟子，郡守、各级官吏以及地方父老，不请自来，一千多人穿着丧服来给郑玄送葬，浩浩荡荡，一时道路为之壅塞，场面极其感人。郑玄可谓备极哀荣。

因为正值战乱，郑玄最初葬于剧东（今山东省青州市郑母镇），后因坟墓毁坏，遗骨迁回家乡高密。他的墓前建有一座祠庙，庙南有唐开元时所立的石碑。唐贞观十一年（637），朝廷下诏，命令在郑玄祠墓四十步的范围内严禁砍伐树木，以庇荫一代大儒长眠之地。

郑玄生于高密，然而却在异乡漂泊几十年，虽然也曾短暂返归故里，但又被袁绍强逼前往官渡，最后客死元城。此时能够归葬高密，在这里，有他的家乡父老，也有他的孙子小同相伴，有他熟悉的泥土芬芳，他在天之灵，应该可以安息了。

## 再起波澜

郑玄离开了人世，然而事情还没有结束。郑玄的死，三国时期叱咤风云的政治强人曹操竟然幸灾乐祸，他把郑玄之死写进诗里，进行调侃和讥讽。

这首诗题名《董卓歌辞》，是一首乐府诗，诗句如下：

德行不亏缺，变故自难常。

郑康成行酒伏地气绝，郭景图命尽于园桑。

此诗见于《三国志·魏志·袁绍传》裴松之注所引《英雄记》。诗的大义是说即使那些平时德行完美的君子，也难免遭遇不测，郑玄与郭景图的意外死亡就是例子。曹操诗中讥讽郑玄不是因病而亡，而是喝酒过量猝死。所谓"行酒"，是酒宴当中一个敬酒的环节。古代酒宴敬酒有两种情况，一是"起为寿"，一是"行酒"。"起为寿"，就是尊长站起来举杯说：我敬在座诸位一杯，就不一一敬了。在座其他客人就要"避席伏地"，或者至少在原位"半膝席"，表示不敢当。"行酒"，就是敬酒者走到别人的坐席前一个一个地敬酒，劝别人喝酒，自己也要喝。依诗中所写，郑玄以七十四的高龄却要为袁绍的客人行酒，显然袁绍并没有将郑玄当作尊长，对郑玄礼遇不高；而号称道德君子的郑玄居然能忍受袁绍如此对待，可见气节也不怎么样，更可笑的是，居然在行酒时死在酒宴上。诗中提到的另一个人郭景图，我们不知他是何许人，但是曹操将他与郑玄并提，应该也是当时一位以德行著称的知识分子。然而这位郭景图的死也让人不敢恭维，因为他是死在"园桑"。"园桑"这种地方，自古就是男女偷情私会之所。一位文人士子死在了这种地方，个中情由足以让人们展开想象的翅膀，而此人品行也就可想而知。在曹操的诗中，郑玄行酒死在酒宴上，郭景图死在男女幽会的桑园中，曹操将两人之死编排在一起，其调侃讥讽之意不言而喻。

此诗引出两个问题，一个问题是，郑玄到底是因病而亡，还是饮酒过量而亡？《后汉书·郑玄传》的记载比较可信，《后汉书》的记载是：郑玄本已病重，被逼前往袁绍军营，长途跋涉，病情加剧，病逝元城。也就是说郑玄是因病而亡。而郑玄饮酒过量而亡只见于曹操诗中，其可信度不高。

此诗引出的另外一个问题是，郑玄酒量好是事实，郑玄死在袁绍军营也是事实，曹操将两件事编排在一起，讥讽郑玄"行酒伏地气绝"，原因是什么？换言之，郑玄一代大儒，德高望重，比曹操年长二十多岁，与曹操有什么过节，以致曹操在日理万机、戎马倥偬之际要写诗来讥讽郑玄之死？

据钱大昕在《十驾斋养心录》中分析，主要有两层原因：一是在官渡与袁绍相持的曹操，要借此打击对手袁绍。袁绍居然让年迈而德高望重的郑玄为客人行酒，说明袁绍并不是一个真正礼贤下士之人，曹操要借此彰显袁绍之恶，让袁绍臭名远扬，失去人心。二是发泄对郑玄的不满。因为曹操也想拉拢郑玄，但郑玄似乎不太给曹操面子，曹操曾鼓动汉献帝征召郑玄为大司农，还派出安车高规格迎接，可是郑玄却以有病为由，尚未履职，就辞官还乡。而在官渡，曹操、袁绍决战之际，郑玄却到了袁绍军中，虽然郑玄是被强逼无奈，但这让争强好胜的曹操觉得郑玄宁愿屈就袁绍，也不依附自己，实在难堪，他咽不下这口气。因而当听到郑玄死在袁绍军中，就将此事写成乐府小调，在酒席上演唱以解气。钱大昕最后总结说：曹操写此诗"不惟诬袁绍，并污康成，盖恨其就绍而不附己耳"。

曹操以郑玄之死作消遣，讥讽郑玄之死，毫无疑问，这是他心胸狭窄、为人刻薄的表现，而从曹操居然借郑玄之死打击袁绍来看，又足以证明郑玄在当时确实拥有巨大影响力，以致一代枭雄、治世能臣曹操，都要利用此事打击袁绍，并为自己造势。

# 第 5 章

# 思 想 要 旨

郑玄一生不愿做官，远离仕途。六十岁以后，因为名重一时，不时接到朝廷与地方政要的征召，在混乱暴戾的乱世，无权无势的郑玄没有办法断然拒绝这些政要，因此他不得不虚与委蛇，不过最后都以各种理由摆脱官场的纠缠。所以郑玄一生的主旋律就是求学问道、授徒注经。在《戒子益恩书》中，他说自己的人生目标是"念述先圣之元意，思整百家之不齐"。郑玄因为要"整百家之不齐"，所以他遍注群经，他要用自己的注释解决学界争论不休的问题，使人们能对经典有统一和正确的认识，不再为各家纷歧的说法所困扰。在郑玄看来，经典承载着先圣之深意，如果不能解决纷争，各家又坚持己见，先圣的深意就无法得到正确的认识和传承。所以郑玄注经，不仅注意文字、语词的训解，力求把错乱的文本恢复原貌，而且也很注意对经典思想的阐释。在这些思想的阐释中，郑玄本人的思想也从中透显出来。

## 一、天道观

### 宇宙论

《列子·天瑞》有个家喻户晓的故事，叫作"杞人忧天"。

111

故事中的主角杞人成为被嘲笑的对象，因为他庸人自扰，担心天会掉下来。可是，从另一个角度来看，我们不仅不应该嘲笑这位杞人，反而应该尊重他，因为他所思考的正是有关宇宙的问题。

　　一直以来人们都认为中华民族是一个农耕民族，所以我们的先民对社会、人生的思考非常务实功利，不太擅长天地玄远问题的探索。这显然是误解，因为我们的先民其实很早就对宇宙生成、天地起源等问题有过思考，而且有精彩的回答。著名的爱国诗人屈原在《天问》中有这样的诗句："曰遂古之初，谁传道之？上下未形，何由考之？……阴阳三合，何本何化？……九天之际，安放安属？……天何所沓？十二焉分？日月安属？列星安陈？"这些不正是对天地宇宙形成的追问吗？骑着青牛出关的老子说过这样的话："道生一，一生二，二生三，三生万物""有物混成，先天地生"。《易传》中有太极生两仪，两仪生四象，四象生八卦，这不正是我们的先哲对天地宇宙万物产生与形成的精彩回答吗？

　　到了汉代，谶纬思潮兴起，宇宙生成论是谶纬思潮的重要思想。纬书认为世界分为有形与无形两种状态，有形生于无形。元气是万物的基础，但在更早阶段，连元气都没有，宇宙的形成经历了太易、太初、太始、太素四个重要阶段。太易、太初、太始、太素又分别是什么？"太易"是宇宙之本，是宇宙的原初阶段，不过这个阶段宇宙却"未见气"，是寂寞空旷的无。"太初"是元气之始，即开始有元气；"太始"是"形之始"，即开始有形；"太素"是"质之始"，即开始有质。按照纬书的观点，宇宙的生成经历了从没有气、形、质到开始有气、有形、有质的发展变化过程。纬书这一观点是汉代非常流行的宇宙生成观。

　　我们知道，郑玄少年时期就对谶纬着迷，他最早着手注释的著作也是纬书，所以他赞同纬书所讲的宇宙生成论，不过他也有自己的发展。他在注纬书《乾凿度》卷下云："太易之始，漠然无气可见者。太初者，气寒温始生也。太始，有兆始萌也。太素者，质始形也。"认为太初是"元气之所本始"，已有寒温之分；太始，是"天象形见之所本始"，已有征兆可见太素是"地质之所本始"，已有形状可辨。从郑氏的解释看，他认为天地万物是有形的，有形的天地万物起源于无形。而宇宙、天地万物之所以能够生成，是元气变化的结果。气清者上变为天，重浊者下变为地。元气变化的过程可以用数字来表示，一、七、九三个数是阳变，也是气变，二、六、八是阴变，也是形变。形变来自气变。天是经历一、七、九数之变而成，地经历二、六、八数之变而成。这就是天地生成的过程。无论是清气上扬变为天，还是浊气下沉而成地，都经历了由太易到太初、太始、太素几个阶段，即经历了从混然无物到有气、有形、有质的过程。

总之，在郑玄看来，天地生成就是气变的结果。而气变的动力来自何处？郑玄说"物自生也"，气变的动力在内部。那么万物如何生成？郑玄用两个字概括，就是"易简"，也就是容易简单。何以见得？因为万物生成只不过是天地合气、阴阳交感和合而已。

由上可见，郑玄并不认为宇宙生成、天地形成以及万物化生有高高在上的神在主宰，他从充满神学迷信的谶纬之说中发展出了充满理性的思想，这是其难能可贵之处。

## 天神论

虽然郑玄认为宇宙的生成、万物化生都是天地合气，自然形成。然而，我们又看到郑玄天道思想还有另一面，就是他相信天地之间是有神灵存于其间。

人类思想意识的形成经历了一段漫长的历史岁月。在人类的童年时代，人们认识自己、人类社会以及自然界的方式往往都是借助形象思维，在不能作出现实说明的领域，就用神话和幻想来解释，这一点，中华民族也不例外。他们相信灵魂不死、万物有灵，天、地、日、月、风、雨、雷、电、山、川、水、火等各有神主。出于感激与恐惧，先民都极其虔诚地祭祀这些神灵。中国汉字当中，有不少以"示"作偏旁的字，这些字都与古人的祭祀活动有关。这些祭祀活动的仪式在儒家三部礼书当中有比较详细的记载。进入汉代，由于谶纬思潮的兴起，宗教有神论在社会上非常流行。

郑玄本人生活在谶纬流行的时代，在少年时代就研究过纬学，对天文、占候、风角、隐术也很精通。而他一生主要精力在注"三礼"，无论是谶纬，还是"三礼"，它们的宗教有神论无疑都对郑玄的有神论产生了至关重要的影响。郑玄的天神论主要有两个部分，一是"六天说"，一是"五精感生说"。

"六天说"，就是郑玄的天地人神系统。汉代以前，人们所说的天只有一个，可是汉代谶纬兴起之后，人们认为天有六天。纬书认为天上的紫微宫是天帝之室，北辰（北极星）名叫耀魄宝，就是天帝。在太微宫有五个星位，就是五方天帝所在。五方天帝就是白帝、青帝、黑帝、赤帝、黄帝。这五方天帝是由金、木、水、火、土五行精气之神形成。人间的帝王和朝代并不是人类自己行为的结果，而是由五帝轮流感应而生，因此也称为"感生帝"。如尧是赤帝所感生，舜是黄帝所感生，禹是白帝所感生，汤是黑帝所感生，周文王是苍帝所感生。

郑玄将谶纬的"六天"说与《礼记·月令》相结合，构成他自己的天地人神系统。他认为天上有一个至上帝，名叫天皇大帝耀魄宝。至上帝耀魄宝有五位天帝辅佐。这五位天帝分别是：东方苍帝灵威仰，南方赤帝赤熛怒，中央黄帝含枢纽，西方白帝白招拒，北方黑帝汁光纪。至上帝加上这五位天帝，就是所谓"六天"。五方天帝以其精感生了五人帝：太昊是苍帝感生，炎帝由赤帝感生，人帝黄帝由天帝黄帝含枢纽感生，少昊由白帝感生，颛顼由黑帝感生。五位人帝手下有五官，分别是句芒、祝融、后土、蓐收、玄冥。这五官死后也变为神。人们在祭祀五方天帝时，由五方天帝感生的五位人帝一起配食，五位人帝则由各自所属的五官配食。所谓配食，就是配享、合祭。也就是说，人们在祭祀五方天帝时，还要同时祭祀每位天帝感生的人帝以及人帝下属之官。总而言之，天帝们接受下民的祭拜时，并不孤独，是有其他神灵陪伴的，而能够陪伴各位天帝的神灵当然也非等闲之神。

郑玄的上述天帝人神系统列为一图，具体如下：

| 至上帝 | 五精之帝 | 五精之君 | 五官 |
|---|---|---|---|
| | 苍帝灵威仰 | 太昊 | 句芒 |
| | 赤帝赤熛怒 | 炎帝 | 祝融 |
| 耀魄宝 | 黄帝含枢纽 | 黄帝 | 后土 |
| | 白帝白招拒 | 少昊 | 蓐收 |
| | 黑帝汁光纪 | 颛顼 | 玄冥 |

郑玄相信天帝人神就是这样一个层次分明的系统，因此他用这样的神学观念去注释经典。如《周礼·春官·大宗伯》中有这样一段话："以玉作六器，以礼天地四方：以苍璧礼天，以黄琮礼地，以青圭礼东方，以赤璋礼南方，以白琥礼西方，以玄璜礼北方。"意思是：大宗伯的职责之一，用玉制成六种玉器，在祭祀时献给天地及四方之神。祭天神用苍璧，祭地神用黄琮，祭东方之神用青圭，祭南方之神用赤璋，祭西方之神用白琥，祭北方之神用玄璜。《周礼》在此处并没有指出天地四方之神的名字，也没有说明祭祀的时间与配食的神灵。郑玄在解释此段文字时，就把他的天帝人神系统加入其中。他说：

冬至祭天，因为天皇大帝在北极；夏至祭地，因为地神在昆仑；立春祭东方苍帝，太昊与句芒配食；立夏祭南方之神赤帝，炎帝、祝融配食。立秋祭西方之神白帝，少昊、蓐收配食；立冬祭北方之神黑帝，颛顼、玄冥配食。

郑玄认为天神是人世的主宰，天子不过是代天神行政，如果倒行逆施，暴政害民，天神就会发怒，降下灾祸，以示惩戒。在《尚书·洪范五行传》的注释中，他说：作为君王，如果貌、言、视、听、思五者当中有一不当，就会导致天怒人怨，天下就会大乱。郑玄认为人世遭逢的种种天灾人祸，诸如雨灾、旱灾、战争、动乱等等，其实都是为政不善所致。《小雅·渐渐之石》有一句诗："月离于毕，俾滂沱矣"。其中"毕"，是星宿名，主兵，主雨。意思是：月亮靠近毕星，就怕雨滂沱呀。郑玄对此的解释是："将有大雨，征气先见天……今又雨，使之滂沱，疾王甚也。"之所以会有滂沱大雨，就是因为天神痛恨君王为政不善而施以的处罚。君王如果为恶太甚，上天就会让社会动乱不止、兵寇不断，借此消灭这个国家。在《大雅·抑》的注解中，他说："天以王为恶如是，故出艰难之事，谓下灾异，生兵寇，将以灭亡。"反之君王实行德政，符合天神之意，上天就会降下种种祥瑞，诸如嘉禾、嘉瓜、甘露等。

郑玄还认为，天神还决定着个人的生死、富贵、祸福等等。《尚书·洪范》提出人生五福之说，五福指寿、富、康宁、攸好德、考终命，即长寿、富足、健康、有德、寿终正寝。郑玄对此作注说：五福是"人之所欲"，"此五者皆是善事"，能否得到却是"自天受之"。正因为天命决定一切，所以郑玄主张人们要"下学人事，上知天命"（《论语·子路》注），尊敬天神，顺从天命。

我们看到郑玄这些天神论、天命论明显与汉代谶纬神学思想相同，与汉代盛行的天人感应说一致，虽然迷信，甚至荒谬，但是未尝没有积极的一面，郑玄要借天神的奖惩限制皇权，倡导德治，借天命之威警示世人要修身养心，使国家政治、社会风尚归于良善。

## 阴阳说

郑玄注释经典，运用阴阳的盛衰解说事物变化的地方很多，要理解和认识郑玄，就必须认识他的阴阳观。

阴阳是中国古代哲学含义极为广泛的一对范畴。但最初的意义并不复杂，也没有神秘性，只是对简单自然现象的描绘：有太阳，晴天，就是阳，没有太阳，乌云密布，就是阴；对着日光的一面称阳，背对太阳的一面称阴；太阳照到就是阳，太阳没有照到就是阴。西周末期，阴阳被提升为天地之间的气，阴阳之气被理解为万物构成的原初物质。阳气的特点是由下向上蒸腾，阴气的特点由上向下压迫。万物的生成与变化趋向都是因为阴阳交感以及阴阳的屈伸消长。春秋战国，阴阳被运用来解释一切自然现象，并被高度抽象，广泛应用于称谓事物的属性，凡动的、温暖的、在上的、刚健的、明亮的、仁慈的都称阳，与之相反，凡静的、寒冷的、在下的、柔顺的、晦暗的、刑杀的都称阴。人们认为任何事物都有两面性，阴阳就是对立的一对，因此人类行为与世界万物都可以用阴阳来区分：男阳女阴，父阳母阴，上阳下阴，君阳臣阴，达阳穷阴（官运亨通是阳，无法施展抱负是阴），言阳默阴（爱说话、开朗为阳，沉默不语、内向就是阴），君子为阳，小人为阴；乐器当中，竹管为阳，铜管为阴；等等，不一而足。这样阴阳就与人事、政治联系在一起。秦汉时期，阴阳学说与天文、历算、医学、农学等结合，促进各学科的发展。在汉代，阴阳说对思想意识形态的影响广泛，成为儒学、经学、谶纬等的重要内容。班固认为董仲舒之所以为汉代儒宗，就是因为他把阴阳观念纳入儒学体系，董仲舒用阴阳说来解释天人感应、君权神授，认为君臣、夫妇、父子等等都体现了阴阳的法则。

郑玄完全接受了汉代阴阳说，也有自己的发挥。郑玄认为阴阳之气的和合交感是宇宙形成、万物化生的根本原因，而阴阳二气对立相争的属性，使得它们始终处在此消彼长的交替循环之中。阴阳之气所以始终处于此消彼长的交替循环之中，是因为阴阳二气具有相互包含、相互隐伏的特点，即阴中潜藏着阳，阳中潜藏着阴。因为物极必反，阳气极盛时，它衰弱的历程也就开始了，而此时潜伏其中的阴气就开始生长，随着时间的推移，阴气渐长，阳气渐消，阳气渐消，则阴气极盛；同样物极必反，阴气极盛时，它的衰弱也开始了，此时潜伏其中的阳气开始生长，随着时间的推移，阴气渐消，阳气极盛。这样就实现了阴阳二气的交替循环，而阴阳二气的交替循环无始无终、永不停止。

郑玄认为正是阴阳二气的交替循环促成了天地之间的昼夜交替、四季转换、万物生长收藏等等变化。《小雅·楚茨》："我黍与与，我稷翼翼。我仓既盈，我庾维亿。"郑玄对此的注解是："阴阳和，风雨时，则万物成，万物成则仓庾充满矣。"因为阴阳和合，所以风调雨顺，五谷丰登而粮谷满仓。而人生天地之间，生老病死、情感以及国家政事的变化，郑玄也认为与阴阳有紧密的关系。《豳风·七月》："春日迟迟，采蘩祁祁。女心伤悲，殆及公子同归。"意思是：春来日子渐渐长，人来人往采白蒿；姑娘心中好伤悲，害怕要随贵人嫁他乡。郑玄对此的解释是："春，女感阳气而思男；秋，士感阴气而思女。是其物化，所以悲也。悲则始有与公子同归之志，欲嫁焉。"春天阳气生，所以少女思男而欲嫁；秋天阴气生，所以少年思女而欲娶。在郑玄看来，正是春秋阴阳之气的变化拨动了男女青年心底微妙的情弦，所以才促发了少男少女的相互思恋。

既然阴阳是天地、人世的重要法则，所以郑玄主张要顺阴阳而行。比如结婚娶妻，就要合乎阴阳。《诗经·邶风·匏有苦叶》："匏有苦叶，济有深涉……雝雝鸣雁，旭日始旦。士如归妻，迨冰未泮"，意思是：葫芦瓜有苦味叶，济水河边有深渡口……又听雝雝大雁鸣，天刚黎明露晨曦。男子如果要娶妻，趁冰未融行婚礼。诗中描写了女子等候未婚夫迎娶的急切心情。郑玄解释这首诗时，谈到古代婚礼的设置就是顺阴阳而行，他指出八月之时，阴阳交会，所以从八月到来年正月之前，应该开始准备婚娶之事，比如纳采（提亲）、问名、请期等，二月就可以结婚了。婚礼当中要用雁为礼，就是因为雁是逐阴阳而行。婚礼因顺阴阳，实际强调人事活动要效法自然，是古人敬畏自然思想的体现。

　　郑玄指出国家政治，也应随顺阴阳。前面讲过，阴阳家所讲的阴阳不只是指阴阳二气，他们还依据阴阳二气相互对立的特点，用阴阳区分世界万事万物，于是男阳女阴，父阳母阴，上阳下阴，君阳臣阴等。这一意义的阴阳，非常强调相互之间的主次尊卑次序，阳尊阴卑，所以男尊女卑，君尊臣卑，夫尊妻卑。郑玄将这一思想运用于政治，要求后妃不能干政。董仲舒在《春秋繁露·阳尊阴卑》中说："丈夫虽贱皆为阳，妇人虽贵皆为阴。"夫为阳，妻为阴。阳尊阴卑，所以妻子要顺从丈夫，安守本分。如果不能顺从丈夫，不能安守本分，就会祸家乱国。郑玄同意董仲舒这一观点。《大雅·瞻卬》："哲夫成城，哲妇倾城。"郑玄对此的注释是："哲谓多谋虑也。城犹国也。丈夫，阳也。阳动，故多谋虑，则成国；妇人，阴也。阴静，故多谋虑，乃乱国。"对《大雅·瞻卬》如下之语："妇有长舌，维厉之阶。乱非降自天，生自妇人。匪教匪诲，时维妇寺。"郑玄的解释是："长舌喻多言语，是王降大厉之阶。阶所由上下也。今王之有此乱政，非从天而下，但从妇人出耳。又

119

非有人教王为乱，语王为恶者，是惟近爱妇人，用其言故也"。郑玄认为妇人干涉政事、多嘴多言，违背了阴阳之道，所以会招来横祸。郑玄这一思想显然就是中国古代典型的"女祸乱国"论，只不过他的"女祸乱国"论穿上了阴阳的外衣。郑玄强调君臣之间，同样也要顺阴阳而行。君为阳，臣为阴。臣要尊君，不能僭越。《小雅·十月之交》："十月之交，朔月辛卯。日有食之，亦孔之丑。彼月而微，此日而微。今此下民，亦孔之哀。"诗中提到日食与月食。据说，这是目前世界上最早的日食记载。郑玄认为之所以出现日食，就是因为人间发生了臣子侵害君主的事情，他说："日月交会而日食。阴侵阳，臣侵君之象。"臣子不尊君，引发天怒，上天以日食示警，"君臣失道，灾害将起，故下民亦甚可哀。"郑玄认为君子属阳，小人属阴，社会之所以乱乃是阴气过盛，小人当道的结果。

郑玄用阴阳论来比附人事，解释现实政治，固然有其神学迷信的一面，但是也有其合理性，比如因顺阴阳，强调敬畏自然等。另外郑玄的此类解释往往都是有感而发，有很强的针对性，女祸乱国、臣侵君等，很明显就是针对汉代政治痼疾——外戚专权、宦官乱政，以及汉末董卓、袁绍、曹操之类的强臣擅权，郑玄认为这些都是阴侵阳、下不尊上、大臣乱道的行为，对此，他深恶痛绝。

## 二、政治论

郑玄一生不愿为官，但官场却不肯放过郑玄，所以他才屡屡被中央和地方相继征召，逼得他只好想方设法找各种理由推辞。郑玄不愿与官员有瓜葛，可是却与当时赫赫有名、呼风唤雨的政治强人，如何进、董卓、曹操、袁绍、刘备等，有来往交集。郑玄自己拒绝出仕，可是他的学生为官者却不少，有的甚至官至一品。所以不管郑玄愿不愿意，他的一生都与汉代政治有了或多或少的牵绊。而从郑玄本人来看，他其实也非常关心国家时局的变化，他对国家朝政的腐朽、时局的混乱动荡、诸侯割据等等非常焦虑，针对这些问题，郑玄也有深入的思考和解决问题的方案。

## 君权天授

君权天授论是汉代天人感应论中的重要内容，它神话王权，认为王权是天意所归。从权力来源解释王权的合法性与神圣性，以巩固王权，实现长治久安。这一思想深受汉朝天子喜爱，因为依君权神授论，群雄逐鹿中原，最后只有刘姓一家为天下之王，原因就在于刘家是上天选择的真命天子，所以刘家天下神圣而不可冒犯，天下万民必须听命于刘家。君权神授论在汉代很有市场。

郑玄同样认为君权天授。《诗经·商颂·玄鸟》曰："天命玄鸟，降而生商。"这就是历史上有名的"玄鸟生商"的故事，讲述了商朝祖先来历。玄鸟，即燕子。商人认为他们祖先的诞生与玄鸟有关。但到底是什么关系呢？《毛传》的解释是：春分时节，飞来一群玄鸟。看到这群玄鸟，商汤先祖简狄与丈夫高辛氏心有所感，于是到郊禖（送子娘娘）面前祈祷，祈求赐给自己一个孩子。果真灵验，不久生下了契。依《毛传》之义，商族祖先契当是上天所赐，玄鸟与商的关系是：玄鸟飞来时节，商族祖先出生，但商族并不是玄鸟的后代。郑玄不同意毛氏的解释，他认为玄鸟是上天派来的使者，任务就是"生商"，简狄吃了玄鸟蛋，生下了契。依郑玄所说，商族祖先就是玄鸟的后代，商族直接由神的使者所生，而非人类后代。商先祖血脉非人类血脉，其神圣性自非人类所能比。所以商朝王权"本自天意"。

郑玄认为商朝是天意所归，周朝兴起也是如此。《尚书大传·太誓传》中有周朝兴起之初一神异现象的记载："太子发升舟中流，白鱼入于王舟。王跪取出。涘以燎，群公咸曰：休哉。"意思是说：周武王为太子时，与八百诸侯相会孟津，准备一起讨伐殷纣王。周武王的船行驶到河中央，一条白鱼跳入武王船中，武王跪下取出鱼，用火烧烤。周围大臣齐声说好。郑玄对此的注解是："白鱼入舟，天之瑞也。鱼无手足，象纣无助。白者，殷正色。天意若曰：以殷予武王，当待无助。今尚仁人在位，未可伐也。得白鱼之瑞，即变称王、应天命、定号也。"这就是历史有名的"白鱼入舟"的故事。郑玄认为白鱼跳入武王船中，不是偶然现象，它象征着天意。白色是殷王朝的正色，白鱼无手无脚，象征殷纣王众叛亲离。上天认为众叛亲离的殷纣王，可起兵灭之，但不是随便哪个人就可以去伐纣，伐纣之人必须有德，众望所归，最后上天遍寻人间，选择了周武王，并用白鱼入舟的方式通知周武王。总之，在郑玄看来，白鱼入舟就是上天对武王消灭纣王的启示，因此武王伐纣，建立周朝，就是应天之命。这显然是对周王朝政权的神话。

郑玄神话王权，固然是为现实王权寻找合理依据，不过其中也有值得肯定的地方。因为他认为虽然君权天授，但是民心、民意、个人品行却是上天选择新王的标准，天下唯有德者居之。这又是以天意约束君权。

## 维护王权

既然王权是天所授，那么就必须维护王权，除非这个君王失德，被上天抛弃。郑玄生活在汉末乱世，这期间东汉的皇帝都是幼年即位。幼年天子少不更事，国家政权都被外戚、宦官以及强臣所操控，实际上皇帝的命运也是这些人在左右，甚至皇帝的废立也几乎都操纵在他们手中。当真是王权衰微，君弱臣强。而外戚、宦官和强臣又为了各自的利益勾心斗角，诸侯们又割据一方，这些直接导致东汉末年国家分崩离析，战火不断，社会动荡不安。身处其间的郑玄，真切地感受到了王权衰微给社会带来的巨大灾难，这场灾难让他在中年以后颠沛流离，所以郑玄非常痛恨这些强臣、乱臣，希望恢复中央王权，国家能够重归一统。

郑玄把维护王权的思想倾注到了他对经典的注释当中。《周易》第四十二卦是益卦。益卦的卦辞是"利有攸往，利涉大川。"意思是：利于有所前进，利于涉越大的河川。益卦由震卦和巽卦构成，而震卦的初爻为阳爻，第二、第三爻为阴爻，就此郑玄作出了这样的注释："阴阳之义，阳称为君，阴为臣。今震一阳二阴，臣多于君矣。……是天子损其所有以下诸侯也。"郑玄认为阳为君，臣为阴，根据震卦卦象来看，臣的力量强于君，君若要改变被动局面，能够再向前行，必须削减这些臣子的力量，尤其是割据一方的诸侯更要损之又损。

为了维护王权，郑玄强调臣子要以"顺道"事奉君主，为君尽忠。《周易》第四十五卦是萃卦，萃卦由坤卦和兑卦构成。萃卦主要是谈君臣相处之道。《周易》论及君臣关系，用乾卦指君，用坤卦指臣。郑玄在对此卦的注释中说："萃，聚也。坤为顺，……臣下以顺道承事其君，……上下相应，有事而和通。故曰：萃，亨也。"这里面，"萃"即聚集。"亨"即顺利、大吉。郑玄的意思是：身为臣子，要以顺道事奉君主，如此上下相应，同心同德，才会事业兴旺。郑玄还强调，身为臣子，效忠君主是本分，要准备随时为君主死难。臣子能够为君主而死就是尽忠，就是义，就是勇。在《孝经·事君章》的注中，他说："死君之难为尽忠。"为了培养臣子的忠君思想，郑玄极力提倡孝道，认为孝道是人们行为的根本。他说："人之行，莫大于孝，故为德本""孝为百行之首"，"移孝"即可作忠。郑玄想用孝道在大臣的思想上构筑一道坚实的堤坝，培养他们忠君的意识，防止他们僭越犯上。

为了维护王权，郑玄要求地方要服从中央。在《尚书·禹贡》注中，郑玄说："江水、汉水，其流遄疾，又合为一，共赴海也。犹诸侯之同心尊天子而朝事之。"郑玄以长江、汉水合流而同归大海为喻，希望诸侯能够一致同心，遵从天子，各安其分，各守其道。郑玄主张地方诸侯不仅要遵从天子，还应将封国的财富贡献给天子。在《周易·损卦》的注中，他说："山在地上，泽在地下，泽以自损增山之高，犹诸侯损其国之富，以贡献于天子，故谓之损矣。"郑玄要求地方诸侯把封国的财富贡献给天子，实质是就是要加强王权的经济实力和政治统治。

郑玄维护王权，要求忠君，在当时而言，就是要拥护汉室，振兴汉室，反对外戚、宦官、强臣专权，反对诸侯割据。汉末，诸侯豪强争锋，汉家天下岌岌可危，但郑玄本人应该是铁杆的拥汉派。郑玄的得意门生崔琰、好友孔融都因为拥汉反曹而被杀，郑玄死后被曹操写诗讥讽，也是因为郑玄不归附曹操。汉末群雄中，郑玄独与刘备相游甚欢，并对刘备大谈治国之道，或许就是因为他在刘备身上看到了汉室振兴的希望。拥护汉室，一方面体现了郑玄作为一个儒家知识分子所具有的忠君立场，另一方面，郑玄也是想通过振兴汉室，让天下回归一统，还百姓一个安定的生活环境，所以也体现出郑玄救世济民的情怀。

不过，汉末乱世，强臣擅权，诸侯割据称雄，郑玄要求臣子尊君、忠君，为君死难，要求诸侯自损，将财富贡献中央，这些想法无异与虎谋皮，显然都是不切实际的幻想。

## 尊贤爱民

郑玄认为，做为臣子，要有过人的品行和才能，正直、刚克、柔克三德之中，必须具备其中一德，才能胜任担当的职责。刚克，即刚强而能成事。柔克，即柔和而能成事。身为人臣，应当"刚而能柔，柔而能刚"，刚柔相济、宽猛结合，才能"成治立功"。如果只刚不柔，或者只柔不刚，必将陷于"灭亡之道"。

郑玄认为贤人是国家的根基，国家要太平，离不开贤人，他说："太平之治，以贤者为本。"《诗经》三百零五篇，排在前面的是《周南》和《召南》，郑玄认为"二南"篇章主要表达的是求贤、颂贤之意：《卷耳》是君子求贤审官，《兔罝》是王者四出访贤，《驺虞》比喻贤人众多，《羔羊》赞美大夫之贤，《汝坟》渴慕贤者来治，《殷其雷》劝贤归义，《甘棠》思怀昔贤；而《葛覃》《桃夭》《鹊巢》《采蘩》《野有死麕》《草虫》《行露》《江有汜》《采蘋》诸诗是歌颂贤女；《螽斯》《麟之趾》等则是祝贺人得贤子。他认为贤人能治国，贤女能齐家，贤子能继往开来。齐家、治国、江山的传承都要有贤德之人，所以作为君主，要能识别人才，分辨贤愚，不为小人所蛊惑，尊贤使能，如此才能保住自己的江山。在《诗经·南山有台》的注中，郑玄说："人君得贤，则其德广大坚固，如南山之有基趾。"郑玄用"贤"概括《诗经》"二南"主旨，不一定完全合乎原诗本意，但表达了郑玄尊贤、用贤的贤人政治思想。

除了尊贤用能，郑玄认为君王还应当效法先王，关心和爱护处于社会底层的百姓。《诗经·小雅·桑扈》："之屏之翰，百辟为宪。不戢不难，受福不那。"意思是：（大人君子）作为国家的屏障和支柱，诸侯都把你们当成言行的法度。克制自己，遵守礼节，就能享受不尽的洪福。郑玄对此的注释是："王

125

者位至尊，天所子也，然而不自敛以先王之法，不自难于亡国之戒，则其受福禄亦不多也。"意思是，虽然王位至尊，王是天之子，但是如果不效法先王，不汲取亡国之君的教训，那么上天也不可能庇护这样的君主，最后君主连王位都可能失去。效法先王，很重要的一点就是爱民，尊重民意。《周礼·地官·乡大夫》："此谓使民兴贤，出使长之；使民兴能，入使治之。"郑玄对此的注解是："言为政以顺民为本也。《书》曰：'天聪明自我民聪明，天明威自我民明威。'《老子》曰：'圣人无常心，以百姓心为心。'如是，则古今未有遗民而可为治。"要想江山长存，就必须顺从民意，以百姓之心为心，想百姓之所想，为百姓办实事。反之，违背民意，失去民心，必将失去天下。《诗经·小雅·小宛》："螟蛉有子，蜾蠃负之"。意思是：螟蛉如若生幼子，蜾蠃会把它背来。蜾蠃（guǒ luǒ），也叫蒲卢。一种寄生蜂，体黑细腰，经常捕捉螟蛉的细虫放进巢中喂养自己的幼子，古人误以为是代螟蛉养育幼虫，故称养子为螟蛉义子。郑玄对这两句诗的注释是："蒲卢取桑虫之子负持而去，煦妪养之以成其子。喻有万民而不能治，则能治者将得之。"显然郑玄也以为蜾蠃是替螟蛉抚养幼虫，于是他认为此诗其实就是借螟蛉幼子被蜾蠃抚养为喻，警告君王，如果有万民却不能治，不能得万民之欢心，那么百姓就会被别人拥有，最终导致江山易主。

清人陈澧评价郑玄注经许多都是"感伤时事之语"。陈澧的评价无疑切中肯綮。郑玄虽然僻居山野，将毕生精力用于治学，可是虽"处江湖之远""亦忧其君"，国家风雨飘摇、大厦将倾，对此，他忧心如焚，因而在注经时，经常将他对时事的伤感写进去，并提出救治方案，这些都充分证明郑玄对现实政治的关注和热诚，体现了中国传统知识分子经世济民、兼济天下的精神情怀。

# 三、法律论

以德平治天下是儒家基本政治主张，也是中国几千年来所推崇的理想政治。然而现实政治实践证明，国家治理不可能完全依赖道德，道德并非万能，不能解决所有问题。因为人性当中有贪婪，生活当中有诱惑，社会当中有争斗，如果人们自制力差，不能很好地把握自己人生的方向，往往就会不自觉地就堕入罪恶的深渊，给国家、社会和他人带来灾难。因而儒家又大力提倡以刑辅德，宽猛相济。郑玄是一个儒家知识分子，非常赞同儒家这一思想，他既坚持德治，也重视刑法。

如前所言，郑玄本人精通法律。他在离开太学后，曾遍访天下名师，其中有一位老师名叫陈球，是一名精通法律的官员，郑玄跟随陈球学习了律令，掌握了律法精髓。在儒家经典当中，郑玄最重视"三礼"，"三礼"当中又重《周礼》，而《周礼》主要讲官制，《周礼·秋官·司寇》专讲立法、执法等刑法问题，《礼记》中也有涉及刑法律令的地方。而礼与法的关系本就十分密切，在当时社会，礼就是法，法就是礼。因为重视礼，又精通律法，加上汉末动荡的时世，种种机缘促使郑玄对刑法与治国的关系进行了深入思考和研究。这些思考和研究不仅让郑玄在法律学上取得了杰出成就，而且也让他对法律有了深刻的认识，郑玄的法律思想因此而形成。

郑玄的法律学成就举世公认，他曾经写过一部法律学专著《律学章句》，部头很大，有数十万言之巨。可惜此书现已亡佚，我们无法看到全貌，但据历史记载，郑玄此书对后世有很大影响，三国《魏律》、唐代《唐律》等等，都采用了郑玄的法律学观点。郑玄对法律的注解对从汉到唐的法律学的发展具有承前启后的作用。

至今，后人对古代法律的一些理解还要依赖郑玄的解释。如"礼不下庶人，刑不上大夫"，这是大家熟悉的一条律文，见于《礼记·曲礼》。此律秦时已被废，汉代也没有采用，由于没有现实实例可资证明，所以汉代人对此律文的理解争议很大。贾谊认为"刑不上大夫"就是指：尊贵大臣犯罪，君王不派司法官员对其捆绑羁押或处以死刑，而是令其自行请罪、跪拜自裁，以维护其尊严。《礼记》专家戴圣和文字学专家许慎都认为贾谊的解释不靠谱，因为没有历史依据。郑玄认为"刑不上大夫"是指："不与贤者犯法，其犯法则在八议，轻重不在刑书。"意思是：不允许贤者犯罪，如果犯罪，那么交给皇帝亲自裁决，皇帝依照八议定罪。八议就是：议亲（皇亲国戚），议故（皇帝故友），议贤（有德之人），议能（才能突出的人），议功（有功勋的人），议贵（高官显贵），议勤（勤于国政之人）。"八议"实质就是议身份、才能、表现。也就是说如果贵族犯罪，他们也要受到处罚，只不过不由国家司法机关处置，也不是依照司法机关执行的法律法规来处置，而是由皇帝参照犯罪贵族的身份、平时表现等再作出处罚，或者减免刑罚。这是一种维护贵族体面的特权。人们觉得郑玄的解释合情合理，后来有些王朝依据郑玄的解释制定了相应的法律。实际上中国古代王朝大部分都在遵循"刑不上大夫"这一法律原则，除了隋朝、明朝会在朝堂上当众梃杖官员，其他王朝，犯罪的官员有"刑不上大夫"作护身符，一般不会被当众责打，以致体面尽失。

　　又如"不识"，这是一个法律名称，见于《周礼·秋官·司刺》："一宥曰不识"。《周礼·秋官·司刺》讲到有三种情况的犯罪要宽恕，第一种要宽宥的是"不识"。"不识"作何解？众说纷纭，且不得其意。郑玄本人最后官至大司农，所以历史上称郑玄为郑司农，可是在汉代还有一位官至司农的经学家，也姓郑，叫郑众，人们也称他为郑司农。郑众解释说："不识，谓愚民无所识则宥之。"依郑众之意，不识，就是人们因不懂法而犯法，这类犯罪要宽宥。郑玄不同意这位郑司农的解释，郑玄认为："不识"就像有人要报仇，要杀仇人甲，结果因为乙长得像甲，导致报仇者错杀了乙。这类犯罪可以宽宥，因为报仇者不是故意要杀乙。相比郑众的解释，郑玄的解释更符合中国古代法律的实际，因为中国古代法律从来不会宽恕那些因不懂法而犯法的人。此类例子还很多，就不一一列举了。

郑玄的法律思想很丰富，最为重要的有两个方面，就是立法与执法。

## 立法

郑玄主张以礼制为立法原则。他曾说："为政在人，政由礼也。"礼制重仁义，讲教化，所以以礼制为立法原则，制定律法就要轻刑省罚，反对严刑峻法，反对滥刑。《春秋》主张如果丈夫殴打婆婆，媳妇可以为了婆婆杀死不孝的丈夫。郑玄反对《春秋》这一主张，他认为即便丈夫不孝，责打，令其改过即可，怎么能让媳妇杀死自己的丈夫？既不符合礼，也违背了儒家仁爱之道。如果父亲有过，就把儿子的功劳也抹杀，那就是滥刑。所以郑玄非常赞赏尧，鲧治水无功，尧惩罚鲧，将鲧流放，但是鲧的儿子禹治水有功，尧就大力重用。这就是功过分明。当然郑玄以礼制为立法原则，一方面是为维护百姓利益、保障天下安定，但其最终目的还是维护皇帝的统治，维护君主的威严，因为礼制注重秩序尊卑。天子、君主至为尊贵，他们的权力和尊严应当维护。这是郑玄那个时代正统知识分子的基本立场。

郑玄主张立法要因时取宜。也就是制定法律不能只是就事论事，要考虑时代、环境等等现实因素，制定合理的刑法。连坐是中国古代一条残酷的刑律，郑玄弟子中与郑玄最为亲密的赵商，在读《周礼》与《尚书》时，发现这两部典籍对连坐的解释并不相同，对此他很疑惑。《周礼·族师》的说法是"邻比相座"，意思是如果有人犯罪，那么他的邻居也脱不了干系，也要受相应的处罚；可是《尚书·康诰》中却是"门内尚宽"之说，意思是如果有人犯罪，不株连他的家人，当然更不能牵连邻居。依据《周礼》，一人犯罪，邻居也要被株连；依据《尚书》，一人犯罪，家人也不必牵连。《周礼》与《尚书》孰是孰非，赵商找老师郑玄解惑。郑玄认为都没错，因为"先后异时"。周公写《周礼·族师》之时，刚刚颁布了新的国家制度，为了保证新制度得到落实，让百姓互相监督、共同遵守，所以制定了"邻比相座"这一严格的刑罚；写《尚书·康诰》时，周朝刚刚平定了长达多年的内乱，要与民休息，所以制定了"门内尚宽"这一比较宽松的刑法。正因为周公如此立法，才保证了周朝江山的稳固。可见，立法不能僵化，必须因时而定。

正因为主张立法因时而取宜，所以郑玄提出治国用三典，即新国用轻典，承平之国用中典，乱国用重典。新国，即国家新立。国家新立，百姓还没有经过教化，所以用轻典。乱国，就是国家发生了篡弑、反叛等事件，对于这些叛逆者，必须坚决予以镇压，绝不手软，所以要用重典。平国，即承平守成之国，此时就要用常行之法。新国与乱国都是国家处于特殊时期，所以就要特殊对待，制定特殊刑法。前面提到刘备与郑玄同游南城山时，郑玄反对赦法的主张让刘备印象深刻。郑玄之所以反对赦法，是因为西汉与东汉四百多年当中，朝廷下达赦令过多，达一百七十多次，东汉更加频繁，几乎年年有赦，甚至一年数赦，这就形成了滥赦。滥赦无异于朝廷放纵违法犯罪，导致"恶人昌而善人伤"，产生极其不良的影响。其实两汉时期反对赦法大有人在，郑玄反对赦法，上继汉代思想家匡衡、吴汉、王符、崔寔、陈纪，下启三国政治家刘备、诸葛亮等人。郑玄提出治国用三典，主张取缔赦法，显然与汉代末年社会动乱有着密切关系，是因时立言。

郑玄还非常强调立法要区别"过与故"，也就是要区别过失与故意，注意犯罪动机。过失犯罪，那么以教化为主；故意犯罪，就要严办。比如挥刀砍树，结果意外将人杀死，砍树者没有杀人的本意，无心之过，这就要区别判刑。

## 审慎执法

制定了法律，但是法律真正落实于现实社会，达到立法的目的，那就离不开执法。

郑玄认为执法者是法律实施中最为关键的人物，所以执法者本人道德素质关系到是否能够公正执法，因此郑玄要求执法者必须立身正道，自己首先要遵守法纪。

郑玄强调在执法过程中，要审慎执法。比如审案，不能只看状子，还要明察秋毫，不放过任何一个可疑的细节，既不能冤枉无辜者，也不能让犯罪之人逍遥法外。《周礼·秋官·小司寇》有"以五声听狱讼，求民情"之说。所谓"五声听狱讼"，就是辞听、色听、气听、耳听、目听。辞听，就是观察受审者的言词有无条理；色听，就是观察受审者的脸色有无变化；气听，就是观察受审者的气息是否平和；耳听，就是观察受审者能否听懂讯问；目听，就是观察受审者的眼神是否闪烁不定。也就是说法官审理狱讼，要仔细观察受审者的言语神色，作为辅助推断，以保证判案的准确性。郑玄认为一个人如果犯罪，无论他如何掩饰，他的言语神色可能都会在不经意当中出卖他，他可能言辞躲闪、呼吸急促、神色慌张等。所以他对《周礼·秋官·小司寇》"以五声听狱讼"的观点非常赞赏。

郑玄主张执法要公正，防止执法者以个人好恶、一己私情来断案。即便是掌握生杀大权的天子，如有重大案件交由他处理，哪怕案件的当事人是平民百姓，也不能独断专行、自作主张。《周礼·秋官·小司寇》提出"以三刺断庶民狱讼之中"。"中"就是公正合理。意思是，平民百姓狱讼要得到公正的判决，必须要征求三种人的意见，即征求群臣、群吏、人民的意见。听取三方面的意见，然后再量刑定罪。郑玄也赞同这一主张，认为这是判案公正的合理途径。

郑玄提出执法过程中也要根据时势的不同适度灵活变通。当国家发生了严重的自然灾害，外敌入侵、大丧等重大变故时，可以"图谋缓刑"。同是兄弟失和，如果只是兄弟之间的怨怼和不满，那么作为家庭内部矛盾妥善处理即可，但是如果挑起事端，危及国家江山，那么就不能等闲视之，必须严惩。成王时，周公的三个同母兄弟管叔、蔡叔、霍叔，因为不满周公摄政，不仅到处散布流言，还与殷纣王之子武庚勾结在一起，发动叛乱，使新生的周王朝面临极大威胁，周公毅然发兵征伐，平定叛乱，诛杀管叔，流放蔡叔，贬霍叔为庶民。虽是一母同胞，但是罪在当诛，那就必须依法办事。而在周文王、周武王时，他们兄弟之间也有一些失道不和，因为没有太出格的行为，所以周公就以感化教育为主。这就是周公执法的灵活变通。《春秋》大义在汉代是断案依据，郑玄当然也推崇《春秋》，但是对《春秋》提倡的复仇之说，郑玄却持不同意见。前面那位问过郑玄"连坐"之法的学生赵商，对于《春秋》"复仇"论有疑问，就此前来请教。他说：依据《春秋》之义，"子不复仇非子，臣不讨贼非臣"，臣子感念君恩，孝子思念父亲，那么无论如何都要为父、为君报仇。郑玄回答说：如果"仇在九夷之东、八蛮之南、六戎之西、五狄之北，虽有至孝之心，能往讨否乎?"因此《春秋》之论也不能绝对执行，还须分别对待，灵活处理。

郑玄既有杰出的法律学成就，也有成熟的法律思想。他的《律学章句》对《汉律》《魏律》《唐律》的制定都有极大影响，在中国法律史上具有重要地位。他注重礼义教化，提倡德治，但是也主张以刑辅德，以刑法服务礼义德教。郑玄这一思想与儒家德主刑辅、礼法结合思想是一脉相承的。

# 第 6 章

# 学术成就及历史地位

郑玄的学术成就是多方面的，他不仅在经学、文献整理、教育学、法律学等方面成就卓著，而且在天文学、数学、物理学等方面也有不凡建树。如物理学上有一个著名的胡克定律，这是材料学与弹性力学的基本定律之一，揭示了"力与变形成正比"的线性关系。1678 年，由英国物理学家胡克发表出来，因此而得名。但是目前学者们认为郑玄应该是世界上最早谈及胡克定律的人，因为在为《周礼·考工记·弓人》"量其力，有三均"一语所作的注中，郑玄说过："每加物一石，则张一尺。"物理学家们认为郑玄这九个字深刻揭示了力与形变成正比的关系，所以材料力学弹性定律的故乡不在欧洲，而在公元2 世纪的中国。

当然，郑玄的学术成就主要集中在经学、文献整理、典籍注释方面，他对后世的影响也主要在这些方面，在此略述如下。

## 一、齐整百家

郑玄在《戒子益恩书》中对儿子坦陈自己人生志向时说：

"述先圣之元意，思整百家之齐"，也就是读书治学，传承先圣精神，一统百家纷争。郑玄立下了这一人生志愿，他也确实在为实现这一志愿而不懈努力。学者们根据《后汉书》以及《七录》《隋书·经籍志》《旧唐书·经籍志》等古代目录统计，郑玄一生著述非常多，可以确定为郑玄所作的就有七十四种。这七十四种著述可以分为三类，一是对儒家经典的注释，二是对纬书的注释，三是杂著。简要附列如下：

**其一，对儒家经典的注释。**

《周易》类：《周易注》十二卷。

《尚书》类：《尚书注》九卷，《尚书音》五卷，《尚书义问》三卷，《尚书大传注》三卷，《尚书释问注》四卷。

《诗经》类：《毛诗传笺》二十卷，《毛诗诸家音》十五卷。

《周礼》类：《周官札注》十二卷，《周官音》三卷。

《仪礼》类：《仪礼注》十七卷，《丧服经传注》一卷，《丧服记注》一卷，《仪礼音》二卷，《丧服谱注》一卷。

《礼记》类：《礼记注》二十卷，《礼记音》一卷。

《左传》类：《左传注》。

《论语》类：《古文论语注》十卷，《论语释义注》。

《孟子》类：《孟子注》七卷。

《孝经》类：《孝经注》一卷。

**其二，对纬书的注释。**

《易纬》类：《易纬注》九卷，《易纬·稽览图注》二卷，《易纬·乾凿度注》二卷，《易纬·通卦验注》二卷，《易纬·辨终备注》一卷，《易纬·坤灵图注》一卷，《洛书注》。

《尚书纬》类：《书纬注》六卷，《尚书·璇玑钤注》，《尚书·考灵曜注》，《尚书·刑德放注》，《尚书·帝命验注》，《尚书·运期授注》，《尚书·中候注》八卷。

《诗经纬》类：《诗纬注》三卷。

《礼书纬》类：《礼纬·含文嘉注》《礼纬·斗威仪注》《礼记·默房注》。

《乐纬》类：《乐纬·动声仪注》。

《孝经纬》类：《孝经·钩命决注》。

**其三，对其他典籍的注释。**

《日月交会图注》一卷，《乾象历注》，《九宫经注》三卷，《九宫行碁经注》三卷，《汉律章句》。

**其四，杂著。**

这一类书，除了《嘉禾嘉瓜颂》等少数几篇外，大多是立足于典籍而展开的讨论。

《易》类：《易赞》。

《诗经》类：《毛诗谱》二卷。

《礼书》类：《三礼目录》一卷，《三礼图》九卷，《礼议》二十卷，《丧服变除》一卷，《鲁礼禘袷义》，《答临孝存〈周礼〉难》，《皇后敬父母议》。

《春秋》类：《春秋十二公名》一卷，《春秋左氏分野》一卷，《驳何氏春秋汉议》二卷，《驳何氏春秋汉议叙》一卷，《春秋左氏膏肓箴》十卷，《春秋公羊墨守发》二卷，《春秋穀梁废疾释》三卷。

其他类：《六艺论》一卷，《驳许慎〈五经异义〉》十卷，《答甄子然书》，《戒子益恩书》，《孔子弟子目录》一卷，《天文七政论》，《周髀二难》，《九旗飞变》一卷，《嘉禾嘉瓜颂》二篇。

仅看这些书名，我们都不由得要对郑玄肃然起敬。一个人的时间和精力都是有限的，可是郑玄却在有限的生命历程中整理和写出了如此众多的著作，如果没有超乎常人的勤奋和坚持不懈的毅力，无论如何都不可能做到。从上述著述中，我们清楚地看到，虽然郑玄的众多著述都是围绕儒家经典展开，但是也有对纬书、律学的注释，还有有关天文历法、数学等方面的著作，他以一生的努力实现了"整百家之不齐"的远大抱负。

## 二、校勘精审

秦始皇焚书和禁书，是中国典籍的一大浩劫。典籍遭此浩劫，大多散亡。刘邦逐鹿中原，战胜群雄，建立了汉朝。王朝初立，急需进行思想文化建设，可是面临的问题是国家图书馆空空如也，读书人无书可读，于是汉代第二任皇帝汉惠帝废除禁书令，向天下征求图书。因为有朝廷的命令，各地陆续献上了不少图书。这些图书主要有两个来源，一是老师口耳相传的书，二是山岩屋壁里的存书。然而令人遗憾的是，这些图书存在很多问题。那些来自口耳相传的书，由于传授的老师不同，同一部书在文本的字句、篇幅的长短上都有或多或少的差异。又由于这些口耳相传的典籍，都是抄写流传，而汉代主要是用隶书抄写，隶书不同于先秦古文、篆文，因而典籍在辗转传抄过程中，由于古文、篆书、隶书，还有俗字等各种字体的相互错乱，抄错的现象也屡见不鲜。此外，当时书写材料主要是竹简，竹简用绳编连，时间长了，编绳断烂，造成竹简散乱，而写在竹简上的字，时间长了，也会漫漶、磨灭，因此那些出自山岩屋壁的典籍也有残缺不全的问题。这些存在诸多问题的书如果不经过校勘，必然造成误读。汉代朝廷非常清楚这一问题，所以在郑玄之前，官方就组织过一次大规模的图书整理，这次图书整理对中国古代典籍的传承贡献很大，不过并没有解决所有典籍的文本错误。

郑玄在东汉末年，以一己之力，又对其中的一些典籍进行整理校勘，经他精心校勘，为典籍的正本清源解决了许多问题。

郑玄"整百家之不齐"，要注释典籍，校勘典籍就是他最基本的工作程序，从他留下来的著述中，可以非常明显地看到，他在校勘典籍上是非常用心的，可以用"精审"来概括。

典籍在流传过程中出现的错误多种多样，总结起来主要有四种，即衍、脱、讹、倒。衍，也称衍文、羡文，指文字多了。脱，也称脱文，也称夺字，指文字脱漏。讹，指文字错误。倒，也称错简，指文字、文句或章节内容颠倒错乱。郑玄在校勘典籍的时候，对这些错误都能准确地一一指出，加以校正。

校衍字。《礼记·奔丧》："于又哭，免，袒，成踊；于三哭，犹免、袒、成踊。"这里讲的是孝子奔丧的礼仪：孝子奔丧回来第二天哭灵时，要用麻绳挽束发髻，袒露左臂，跳脚痛哭。第三天早晨哭灵时，仍然要用麻绳挽束发髻，袒露左臂，跳脚痛哭。郑玄指出根据礼制，第二天和第三天哭灵，只需用麻绳挽束发髻，不用袒露左臂。所以这段文字当中的"袒"是衍字。

校脱字。《礼记·杂记上》："吊者降，反位。"郑注："降反位者，出反门外位。无'出'字，脱。"又如《礼记·祭义》："霜露既降，君子履之，必有凄怆之心，非其寒之谓也；春，雨露既濡，君子履之，必有怵惕之心，如将见之。"郑玄注："霜露既降，《礼说》在秋，此无'秋'字，盖脱尔。"郑玄指出，根据《礼说》，这里指秋季，所以此段文字本应为"秋，霜露既降……"，脱漏"秋"字。

校讹字。郑玄校勘典籍，纠正误字的地方非常多，而且纠正误字时，他有专门的术语：读当为，当为，当作。凡是在郑玄注中用"当为""当作"，都是他对文字错误的纠正。如《诗经·齐风·载驱》："鲁道有荡，齐子岂弟。"郑玄指出其中的"岂读当为'闿'。"也就是说，"岂"是一个错字，正确的字应当是"闿"。又如：《诗经·小雅·斯干》："兄及弟矣，

138

式相好矣，无相犹矣。"这里的"犹"字，很让人费解。郑玄指出："犹当作瘉。瘉，病也。"也就是，"犹"字错，正确的字是"瘉"。这几句诗的意思是：兄弟在一起，应和睦相处，不要互相伤害。

校错简。《礼记·乐记》有这样一段文字：

> 爱者宜歌《商》，温良而能断者宜歌《齐》。夫歌者，直己而陈德也，动己而天地应焉，四时和焉，星辰理焉，万物育焉。故《商》者，五帝之遗声也。宽而静，柔而正者，宜歌《颂》。广大而静，疏达而信者，宜歌《大雅》。恭俭而好礼者，宜歌《小雅》。正直而静，廉而谦者，宜歌《风》。肆直而慈爱，商之遗声也，商人识之，故谓之《商》。《齐》者，三代之遗声也，齐人识之，故谓之《齐》。

郑玄认为这段文字有错简，次序杂乱，导致语意混乱不清。此文共有三处错乱：

其一，第一句和第二句"爱者宜歌《商》，温良而能断者宜歌《齐》"，正确位置应在第二十二句"肆直而慈爱"之后。

其二，第十一句"宽而静"到第二十一句"宜歌《风》"，正确位置应在最前面。

其三，第二十三句"商之遗声也"是衍字，应删除。

根据郑玄的校勘意见，此段文字的正确次序应当如下：

> 宽而静，柔而正者，宜歌《颂》。广大而静，疏达而信者，宜歌《大雅》。恭俭而好礼者，宜歌《小雅》。正直而静，廉而谦者，宜歌《风》。肆直而慈爱者，宜歌《商》，温良而能断者，宜歌《齐》。夫歌者，直己而陈德也，动己而天地应焉，四时和焉，星辰理焉，万物育焉。故《商》者，五帝之遗声也，商

人识之，故谓之《商》。《齐》者，三代之遗声也，齐
人识之，故谓之《齐》。

经过如此调整，方文从字顺，条理清晰，义无隔阂。

郑玄校勘典籍，纠正典籍的错误脱漏，有理有据，不以个人主观臆断而妄下断语。他有严格的校勘原则。如果一书有不同的文本，那么就广搜异本，校其异同，择善而从。也就是将这些不同的文本尽量搜集齐全，比较其中异同，选择最合理的说法，进行校改。郑玄整理"三礼"成绩最大。"三礼"当中，《仪礼》不仅有今文经与古文经文本的区别，而且同是今文经《仪礼》也有不同文本。文本如此复杂，郑玄谨慎对待，他广泛搜集《仪礼》经今古文的不同文本，进行比勘。今天我们看到《仪礼》郑玄注中标有"今文""古文"之处，都是他对今文、古文两家的参照和借鉴。《周礼》虽然没有今古文经的问题，但是也有古书与今书的不同，郑玄都会加以比对，并在注中说明。

校勘典籍过程当中，校勘方法是否得当，关系到校勘文本的质量。现代著名校勘学家陈垣有"校勘四法"之说，他认为校勘典籍有四种最基本的方法：即对校法、他校法、本校法、理校法。对校法，即以同书的祖本与别本对读，目的在于比较异同，校出异文。他校法，即以他书校本书。他书包括前人之书、同时之书、后人之书。因为作者著书时，可能会参考借鉴前人与同时代其他人的书，而书中涉及的内容可能与其他书相关，这些都可以作为校勘的依据。本校法，即运用本书前后互证，发现异同，寻求其中谬误。理校法，是在无本可依的情况下，运用逻辑推理进行校勘的一种方法。郑玄虽然没有提出这四种校勘方法，但是校勘典籍时，他运用的就是这些方法，而且经常将四种方法综合使用。

关于整理古籍文献，孔子主张要谦虚、务实，多闻阙疑，

实在无法确定的问题，那就存疑，留待他人思考，不独断妄改。郑玄校勘典籍，秉持孔子这一思想，如无确凿证据，绝不会轻易改字。如：

> 《礼记·曲礼上》："侍坐于长者，屦不上于堂，解屦不敢当阶。就屦，跪而举之，屏于侧。乡长者而屦，跪而迁（迁）屦，俯而纳屦。"

这里讲的是陪伴长辈时脱鞋、穿鞋的礼仪。按照礼仪，陪伴长者坐谈，不能穿鞋上堂，要在堂下台阶一侧脱下鞋，并将鞋头向外放置。离开长者，下堂时，因有长者相送，不能背对长者穿鞋，因此要跪着把鞋转向头朝内，然后面对长者，弯腰穿上鞋。也就是说，在穿鞋之前，有一个掉转鞋头的动作。这个动作，有的文本写作"迁"，有的文本写作"还"，这两个字的字形与字义都相近，用哪一个字都不影响文意，到底是"迁"？还是"还"？郑玄不能确定，因此他没有改字，而是注道："迁或为还。"告诉读者，这个"迁"字在别的文本可能是"还"。这就是非常慎重的做法。这类例子不胜枚举，俯拾即是。

总之，无论是郑玄坚持的校勘原则，运用的校勘方法，还是秉持的校勘态度，无疑都严谨而审慎，并且他一丝不苟地贯穿到了典籍校勘实践当中，所以他的典籍校勘才以"精审"著称。

# 三、注释精当

郑玄通过精审的典籍校勘，扫除了典籍在文本上的疑云，为他注释典籍奠定了坚实的基础。

郑玄注释典籍，涉及的内容非常广泛，有文字语词的训诂、文章写作的分析、名物典故的考证以及思想义理的阐释等等。思想义理的阐释，第5章已论及，不再赘述。对于文字语词的解释，郑玄会分析文字的字形，注出字的读音，指出是否为古今字，是否为假借字，为了便于读者理解，他会用今语释古语，用通语解释方言。用我们今天的话来说，就是用现代汉语解释古代汉语，用普通话解释各地方言。如：

> 《仪礼·聘礼》："百名以上书于策"。郑注："名，书文也，今谓之字。"

对于名物典故的解释，郑玄会考证和介绍其来源、称谓变化、形制、用途等等。如：

> 《周礼·天官·酒人》："奄十人，女酒二十人，奚三百人。"郑注："奄，精气闭藏者，今谓之宦人。……女酒，女奴晓酒者。古者从坐男女没入县官为奴，其少才知以为奚。今之侍史官婢或曰奚宦女。"

这里郑玄告诉我们，"奄"在形体上的表现是"精气闭藏"，在郑玄那个时代被称为"宦人"。又如：

> 《周礼·地官·大司徒》："以土圭之法测土深，正日景以求地中"。郑注："土圭所以致四时日月之景也。"

郑玄指出土圭的用途是测日影、正四时。又如：

> 《礼记·祭法》："燔柴于泰坛。"郑注："坛之言坦也。坦，明貌也。"

依据郑玄的解释，古代用土石建成的用于祭祀、盟会等的高台之所以称为"坛"，是因为这种台平直开阔，没有遮盖，显豁光亮。总之，只要郑玄认为是阅读理解拦路虎的地方，他都会注释。事实证明，他的注释确实是后人读懂古代典籍重要的依据。

郑玄注释典籍，从质量而言，堪称精当。郑玄注释典籍之精当，仅从他所用的注释术语就可见一斑。训诂学家指出，古人注释典籍会用到一些专门的训诂术语，如果不了解这些术语，就不能读懂古人对典籍的注释。据研究，在众多典籍注释者中，郑玄所用的训诂术语尤为丰富，并且影响到后人对典籍的注释方式。而这些丰富的训诂术语非常明显地显示出郑玄在典籍注释中的精密程度。据统计，郑玄使用的训诂术语有数十种之多，这些术语从其功用而言可以分为以下五大类。

**用于释义的术语。**某，某也；曰；谓；谓之；为，为之；言；斥；某某之称，某某之名；犹，犹言，犹云；某某义同，若今某，如今某；亦；等等。

郑玄采用如此多的术语，是为了使注释既准确又简约。比如，

某，某也：表示直释其义。如：

《周礼·天官·冢宰》："惟王建国。"郑注："建，立也。"

若今某，如（今某）：用于以今语释古语，或以今制释古制等情况。如：

《周礼·天官·冢宰》："以九职任万民……九曰闲民，无常职，转移执事。"注："闲民者，谓无事业者，转移为人执事，若今佣赁也。"

斥：与"指"同。郑玄注释《诗经》多用这一术语。如：

《诗经·魏风·硕鼠》："硕鼠硕鼠。"郑玄笺："大鼠大鼠者，斥其君。"

谓之：多于说明原因。如：

《诗经·小雅·何草不黄》："何草不玄，何人不矜。"郑玄笺："无妻曰矜。从役者皆过时不得归，故谓之矜。"

**用于说明功用和属别的术语。**所以，貌，辞，某之。如：

所以：用于解释功用。如：

《周礼·天官·冢宰》："冢宰使帅其属而掌邦治，以佐王均邦国。"郑玄注："邦治，王所以治邦国也。"

貌：用于解释形容词或动词。如：

《礼记·曲礼上》："俨若思。"郑注："俨，矜庄貌。人之坐思，貌必俨然。"

辞：用于解释虚词。如：

《郑风·大叔于田》："叔善射忌，又良御忌。"郑注："忌，辞也。

某之：用于解释被释词的动词性质。如：

《周礼·夏官·司弓》："矰矢，茀矢，用诸弋射。"郑注："结缴于矢谓之矰。矰，高也，茀矢象焉。茀之言制也，二者皆可以弋飞鸟。制，罗之也。"

**用于区别古今的术语。** 古曰，今曰；古谓之，今谓之；古文，今文；故书。如：

古曰，今曰：用以说明古今异词，即古今异名而同实。二者常对比使用。如：

《周礼·春官·外史》："掌达书名于四方。"郑注："古曰名，今曰字。使四方知书之文字，得能读之。"

古文，今文：用于说明今古文经文本的差异。如：

《仪礼·士相见礼》："毋改，众皆若是。"郑注："古文毋作无，今文众为终。"

《仪礼·士丧礼》："襚者以褶，则必有裳。"郑注："古文褶为袭。"

**用于声训和拟音的术语。**

用于声训的术语有之言，之为言，读为，读曰，古声同，读与某同，等等。

之言：用与被释词音同或音近的词语解释其义。常用于说明被释词与训释词之间的意义关系，也用于说明假借。如：

144

《礼记·学记》："不兴其艺，不能乐学。"郑注："兴之言喜也。"

《邶风·绿衣》："心之忧矣，曷维其亡。"郑笺："亡之言忘也。"

《邶风·绿衣》"亡"与"妄"因读音相析而通假。

读为，读曰：多用于解释假借字。如：

《周礼·春官·占梦》："乃舍萌于四方，以赠恶梦。"郑注："舍读为释，舍萌犹释采也。"

释采，就是释菜礼，一种比较简单的祭祀。古人非常重视梦，每年为王祈求吉梦，年终时统计一年之中应验的吉梦，上呈给王，并行释菜之礼，送走不祥之梦。根据郑玄解释，此句中的"舍"通"释"。

用于拟音的术语有读若、读如。

读若，读如：既是一种注音法（属直音法），义由音定，又往往兼及其义。如：

《仪礼·乡饮酒礼》："公如大夫入。"郑注："如，读若今之若。"

《周礼·天官·冢宰》："六曰主以利得民。"郑注："利读如'上思利民'之利。"

**校勘术语**。当为，当作；或为，或作。

当为，当作：纠正误字。如：

《礼记·曲礼上》："主人与客让登，主人先登，客从之，拾级聚足。"郑注："拾，当为涉，声之误也。"

或作，或为：指文字的异同。如：

《礼记·聘义》："温润而泽，仁也。"郑注："润，或为濡。"

郑玄在注释中使用如此多的术语，既是为了更加准确地释义，同时也可以使注释更加简约，从而摆脱汉代经学注释烦琐的弊端。汉代官方经学后来走向死胡同的重要原因，就是注解烦琐，枝离蔓衍，一字解出上万言，以致人们虽皓首穷经，仍不得经典要领。尽管官方多次下令删减经注，也没能改变这一弊端。郑玄用一套术语分解不同类的注释对象，就省去了许多重复的言辞，达到注释简约的目的。而读者只要掌握了郑玄注释所用术语的不同用途，可以简驭繁，阅读可以省时省力。

事实上，注经简约也是郑玄注经的原则。他曾经说："举一纲而万目张，解一卷而众篇明，于力则鲜，于思则寡，其诸君子亦有乐于是与?"正是本着这一原则注释典籍，所以郑玄的典籍注释往往是注少于经。如《仪礼·少牢馈食礼》经文共2979字，郑玄的注只有2787字；《仪礼·有司彻》经文4790字，郑玄的注有3356字；《礼记·乐记》和《礼记·学记》两篇，经文共6459字，郑玄的注是5533字。由于汉代经学日趋烦琐，所以相当长的时间里，汉人注经大多都是注多于经，有的注甚至数倍于经文。在这样的时代环境中，郑玄以简明扼要的方式注经，无疑为当时学术界吹进了一股强劲的新风，对于纠正和改变烦琐经学有极大的推进作用。

## 四、综考六艺

郑玄"整百家之不齐"，除了校勘、注释各种典籍，还综考六艺，考辨学术源流，辨别典籍真伪。

在上面所列郑玄的著述中有一部名叫《六艺论》的著作。"六艺"就是《易》《书》《诗》《礼》《乐》《春秋》六经。《六艺论》就是郑玄评论儒家六经的著作，论述了六经的产生以及各经源流。如《礼论》云："礼者，序尊卑之制，崇敬让之节也。""其初起，盖与《诗》同时。""唐虞有三礼，至周分为五礼。"郑玄认为礼制就是维护尊卑秩序的制度规范，礼制的精神实质在于表达人们之间的尊敬与礼让。礼的起源与《诗经》同时。唐虞时代只有三礼，周代发展为五礼。在此，郑玄论述了礼制的精神、产生的时代及后来的变化。关于《仪礼》，郑玄探讨了《仪礼》的来源与书中篇目的变化。郑玄指出，汉初，礼学家高堂生的《仪礼》只有十七篇，后来人们从孔子老宅壁中又得到了古文《仪礼》五十六篇，《记》百三十篇，《周礼》六篇。孔子壁中的古文《仪礼》中有十七篇与高堂生的《仪礼》基本相同，其他的就属于《逸礼》了。在《书论》《诗论》中，郑玄论述了《尚书》《诗经》成书过程。郑玄对六经源流的探讨，为后人研究六经提供了重要借鉴。

郑玄为《易》作注时写有《易赞》，为《尚书》作注时写有《书赞》。《易赞》与《书赞》相当于后世的解题目录，分别介绍了《易》与《尚书》书名的由来、作者及书中内容。如关于《易》的含义，众说纷纭，郑玄在《易赞》中的解释是：《易》一名而涵三义，即简易、变易、不易。也就是说，《易》有"简易""变易""不易"之义。易之"简易"义，指《易》之道易知、易行，可以执简以驭繁，以一统万，广大悉备，无所不包。《易》之"变易"义，指阴阳之气变动不居，运行不已，化生万物，事物处于永恒运动变化之中，《易传·系辞》所谓"《易》，穷则变，变则通，通则久"。《易》之不"不易"义，指事物虽处在运动变化之中，但变化当中的事物也有相对稳定性，比如"天尊地卑，乾坤定矣；卑高以陈，贵贱位矣"。在众多《易》名的解说中，郑玄对《易》名的解释，信从者最多，因而也是最具有代表性的一种说法。郑玄在《易赞》中，还对八卦及重卦的作者，提出了自己的观点。他认为，伏羲作八卦，神农重卦。这一说法在目前来说，也可备一说。在《书赞》中，郑玄同样对《尚书》的名称含义作了解释，他认为孔子编撰《尚书》时，之所以为之取名为《尚书》，"盖言若天书然"，意思是《尚书》代表上天意旨，所以"尚"其实就是"上"，也就是"上天"。郑玄这一解释并不符合《尚书》真实，因为《尚书》实是指上古文献，"尚"即"上古"。郑玄这一解释显然采用了当时今文经学的观点，虽不正确，但对于后人研究汉代经学还是有其价值的。

郑玄在完成"三礼注"后，编写了《三礼目录》。《三礼目录》简要介绍"三礼"各篇篇名的意义以及各篇要旨、内容，方便读者更好地学习。当然郑玄也将自己的礼学思想融入《三礼目录》的编写中。在《周礼目录》中，郑玄介绍了每篇篇目的含义。《周礼》共有六大官，六大官下又各有自己的属官，共有三百六十三属官，郑玄认为这是象天有三百六十度。在《仪礼目录》中，郑玄说明了每篇是何种礼，属于五礼中的哪一礼，还介绍每种礼的由来。如《仪礼目录·士昏礼第二》，郑玄解释说：士昏礼是士娶妻之礼，属于五礼中的嘉礼。之所以称为昏礼，是因为结婚的时间在黄昏。而昏时结婚的原因，在于"取其阳往而阴来之义"，是古人顺应阴阳的观念所致。在《礼记目录·王制第五》中，郑玄说："名曰《王制》者，以其记先王班爵、授禄、祭祀、养老之法度。"郑玄解释了《礼记·王制》篇名的由来，介绍了此篇的内容。从学术史的角度来看，郑玄的《三礼目录》无疑是一部学术价值很高的提要式目录，为后人学习"三礼"指点迷津，具有指示门径的作用。

在编制目录时，郑玄还为典籍做过辨伪工作。如《礼记·月令》，郑玄通过时令、官制等方面的考证，断定它不可能是周代作品，应该是秦代所作。因为《月令》中有"太尉"这一官名，而太尉是秦代的官名。后人受郑玄的启发，依据郑玄的方法，进一步考证，认为《月令》应该是秦代吕不韦所作。

郑玄对典籍的种种考辨，不仅为后人阅读扫清了疑云，而且理清了中国早期学术发展演变的基本轨迹。

# 五、统一经学

郑玄在中国历史上最重要的贡献是集汉学之大成，统一汉代经学。

如前所述，因为独尊儒术，经学成为汉代主流学术。而在经学内部，经今古文之间的争斗非常激烈，相攻若仇。东汉时期，由于光武帝刘秀对经今古文都比较重视，其他皇帝也支持古文经学，太学开始讲授古文经，于是有些老师也兼治经今古文，出现了经今古文融合的趋向。但这只是一些细微的变化，经今古文相争的根本局面并没有改变，直到东汉末年，郑玄进入太学，这场不见硝烟的较量还在继续。只不过与西汉经今古文为利禄而争不同，东汉今古文之争开始转变为为学术道统而争。

在相互争斗中，经今古文学派为了巩固各自的营地，都严格按照自己的观点注经讲学，严守各自的师法和家法，故步自封，绝不允许相互混合。古文经学家注经，不用今文经之说，如杜子春、郑兴、郑众、贾逵等注《周礼》《左传》，完全不用今文经的观点；今文经学家注经，也不取古文家之见，如何休注《公羊传》，也不取《周礼》一字。经今古文学者严守师法和家法，造成一经有数家，一家有数说，"一经说至百余万言"，经典注释烦琐教条，支离破碎，而且主观臆测，错误百出。令后学者茫然不知所从，顾此失彼。"幼童而守一艺，白首而后能言"，经学发展到如此地步，完全失去了生命力，走向崩溃的边缘。

此时此刻，郑玄勇敢担当起拯救文化的重任，挽狂澜于既倒。他没有加入狭隘的学派争斗。早年求师问道时，他师从的老师既有今文经学家，也有古文经学家，还有今古文兼治的学者。在太学，郑玄的第一位老师第五元先是今文经学家，跟随第五元先，郑玄学习了《京氏易》《公羊春秋》两部今文经重要典籍。后来又师从今古文兼治的张恭祖。跟随张恭祖，郑玄学习了今文经《韩诗》，也学习了古文经《古文尚书》《周官》《左氏春秋》，还学习《礼记》。最终在古文经的集大成者马融门下学习数载，得古文经学之精髓。

这些学习经历使郑玄对今古文经学都有精深的研究，深谙他们的治学方法，清楚他们注经的长短优劣。在他看来，无论舍弃哪一学派都是重大损失，也是不理智的行为。而他淡泊名利的个性，使他能够在政治权力与经济利益争斗面前，保持理性而清醒。因而他在注释典籍时，打破师法、家法的门户之见，以古文经为主，但也兼采今文经学，择善而从。如他为《诗经》作注，以古文经学的《毛诗》为主，同时也采纳今文齐、鲁、韩三家诗的观点；注释《论语》，他以《鲁论语》为主，也参考《齐论语》《古论语》的说法；《仪礼注》中"今文""古文"俯拾即是，一部郑玄所注的《仪礼》，实际就是今文《仪礼》与古文《仪礼》的集成。郑玄以博大的胸怀、渊博的学识，集经古今文之大成，完成了经今古文的融合。

郑玄所注的典籍一经问世，为当时处于末路的经学带来了新气象，焕发出新的生命力。长久以来，儒生、学者们为师法、家法所苦，为烦琐经学所累。郑玄的注释兼综百家，既博大宏通、无所不包，又简约精审，这对于苦苦挣扎于家法、师法之争中的儒生，疲于应付烦琐经学的学者而言，无异是天降福音。他们不再更求各家，不再遵信固守门户的今文经学和古文经学，纷纷转而学习郑学。郑玄注释的古文《费氏易》流行，今文经的施、孟、梁丘、京氏四家《易》逐渐废止；郑玄注释的《古文尚书》流行，今文经学的欧阳、大小夏侯三家

《尚书》被人们遗忘，终至散失；郑玄笺注的古文经《毛诗》流行，今文经齐、鲁、韩三家《诗》被人们抛弃，最终散佚；郑玄的"三礼注"流行，戴德、戴圣的《礼》被淘汰；郑玄注释的《论语》流行，《齐论语》《鲁论语》乏人问津。可以说，郑玄之学一出，其他众说纷纭的各家著述就逐渐退出了历史舞台，一时之间，经学成了郑玄的一统天下，两汉经学至此进入一个统一时代，郑学遂成为"天下所宗"的儒学，郑学独步天下。

综上所述，郑玄"整百家之不齐"，是中国历史上一位具有重要贡献的文献整理家。正是他对儒家经典的新解释，确立了他在中国历史上重要的学术地位。今天我们阅读儒家经典，在很多方面都要借助郑玄的解释。他的"三礼注"，更是后人学习"三礼"的必读之书。郑玄的经典解释，为我们通向民族经典架起了一座坚实可靠的桥梁。郑玄一生坚持耕读讲学，学生遍天下，其中不乏才行卓著者，所以他又是中国历史上杰出的教育家。郑玄虽远离官场，拒绝为官，但是处江湖之远，亦心忧国家离乱，关心天下苍生，他有治世与救世的思考，所以他也是一位值得敬佩的思想家。郑玄淡泊名利，安贫乐道，不依附权贵，崇尚名节，一身正气，堪为天下知识分子之楷模。

# 附 录

## 年 谱

127年（东汉永建二年）　七月初五日出生于高密。

147年（建和元年）　博极群书，精历数、算术、图纬之言。去吏，入太学受业。师事第五元先，始通《京氏易》《公羊春秋》《三统历》《九章算术》。又从东郡张恭祖受《周官》《礼记》《左氏春秋》《韩诗》《古文尚书》。

148~159年（建和二年至延熹二年）　往来幽、并、兖、豫之域，遍访民间隐逸大儒。

161年（延熹四年）　在马融门下，由马融高足弟子传授。

162年（延熹五年）　郑玄得见马融，请教先前诸种疑义。马融授郑玄《费氏易》《周官经》。此后三年均在马融门下。

166（延熹九年）　郑玄以亲老归养，辞别马融。马融喟然谓门人曰："郑生此去，吾道东矣。"

167年（延熹十年，永康元年）　归乡里。家贫，客耕东莱，讲学注经。

170年（建宁三年）　儿子益恩出生。

171年（建宁四年）　遭党锢之祸，与同郡孙嵩等四十余人俱被禁锢，遂隐修经业，教授弟子，杜门不出。论战何休，郑玄大胜，京师称郑玄为"经神"。

172~183年（建宁五年，熹平元年至光和六年）　在东莱，被禁锢。注释"三礼"等典籍，撰写《六艺论》等著作，教授学生。

184年（光和七年，中平元年）　郑玄被赦。为避黄巾军，率弟子入不其山，注《古文尚书》《毛诗》《论语》，撰《毛诗谱》。

188年（中平五年）　与申屠蟠、荀爽、韩融、陈纪等十四人，并征为博士，称病不至。注《春秋传》，尚未成，遇九江太守服虔于客舍，闻服虔论《春秋》，多与己同，遂将所注《春秋传》尽与服虔。

189 年（中平六年，光熹元年，昭宁元年，永汉元年）　四月，太傅袁隗表郑玄为侍中，郑玄以父丧不赴。九月，董卓备礼召郑玄，郑玄坚辞不至。孔融嘱高密县为郑玄特立"郑公乡"，建通德门。

190 年（初平元年）　公卿举郑玄为赵相，玄以黄巾复起，道断不至。

191 年（初平二年）　时物歉收，遣散众弟子，离开不其山，栖迟于黉山，注《诗》《书》。避黄巾之难，转至徐州，栖于南城山，于石室注《孝经》。徐州牧陶谦接玄以师友之礼。

194 年（兴平元年）　与刘备同游南城山，荐弟子孙乾于刘备。

196 年（建安元年）　孔融请郑玄返乡。玄自徐州返高密，路遇黄巾军数万人，见玄皆拜，相约不敢入高密县境。从刘洪受《乾象历》，作《戒子益恩书》。袁谭攻孔融，玄遣益恩将救之，益恩遇难身亡。是年孙子出生，取名小同。

197 年（建安二年）　袁绍举郑玄茂才，表为中郎将，玄皆不就。

198 年（建安三年）　献帝听从曹操建议，公车征郑玄为大司农，给安车一乘，所过长吏迎送。郑玄至许都不久，即以病自乞还家。

200 年（建安五年）　春，玄梦孔子语，知命当终，有顷寝疾。袁绍令其子袁谭遣使逼郑玄随军。无奈带病前往袁绍军营，行至元城，病愈重，暂留元城养病。病中注《周易》。六月，逝于元城。遗令薄葬，自郡守以下曾经受业的弟子，一千余人着丧服送葬。

# 参考书目

1.〔汉〕郑玄注，〔唐〕贾公彦疏：《周礼注疏》，〔清〕阮元校刻《十三经注疏》本，中华书局，1979 年影印。

2.〔汉〕郑玄注，〔唐〕贾公彦疏：《仪礼注疏》，〔清〕阮元校刻《十三经注疏》本，中华书局，1979 年影印。

3.〔汉〕郑玄注，〔唐〕孔颖达正义：《礼记正义》，〔清〕阮元校刻《十三经注疏》本，中华书局，1979 年影印。

4.〔汉〕毛亨传，〔汉〕郑玄笺，〔唐〕孔颖达正义：《毛诗正义》，〔清〕阮元校刻《十三经注疏》本，中华书局，1979 年影印。

5. 〔晋〕杜预注，〔唐〕孔颖达正义：《春秋左传正义》，〔清〕阮元校刻《十三经注疏》本，中华书局，1979 年影印。

6. 〔汉〕何休注，〔唐〕徐彦疏：《春秋公羊传注疏》，〔清〕阮元校刻《十三经注疏》本，中华书局，1979 年影印。

7. 〔南朝·宋〕范晔撰：《后汉书》，中华书局，1965 年。

8. 〔晋〕陈寿撰：《三国志》，中华书局，1959 年。

9. 〔南朝·宋〕刘义庆著，〔南朝·梁〕刘孝标注，余嘉锡笺疏，周祖谟整理：《世说新语》，上海古籍出版社，1993 年。

10. 王利器：《郑康成年谱》，齐鲁书社，1983 年。

11. 耿天勤：《郑玄志》，山东人民出版社，2009 年。

12. 于首奎：《两汉哲学新探·郑玄评传》，四川人民出版社，1988 年。

13. 张舜徽编：《郑学丛著》，齐鲁书社，1984 年。

14. 王振民主编：《郑玄研究文集》，齐鲁书社，1999 年。

15. 杨天宇：《郑玄三礼注研究》，天津人民出版社，2007 年。

16. 李云光：《三礼郑氏学发凡》，华东师范大学出版社，2012 年。

17. 高密县地方史志编纂委员会编：《高密县志》，山东人民出版社，1990 年。

18. 黄朴民：《何休评传》，南京大学出版社，2011 年。

19. 金春峰：《汉代思想史》，中国社会科学出版社，1997 年。

20. 孙钦善：《中国古文献学史简编》，高等教育出版社，2001 年。

21. 胡朴安：《中国训诂学史》，商务印书馆，1937 年。

22. 华世编辑部编：《中国历史大事年表》，台湾华世出版社，1986 年。

23. 柏杨：《中国历史年表》，海南出版社，2006 年。

24. 周月亮主编：《历代大儒传》，山东人民出版社，1995 年。

25. 〔清〕皮锡瑞：《经学通论》，中华书局，1954 年。

26. 张涛：《经学与汉代社会》，河北人民出版社，2001 年。